社区活动策划与组织实务

（第二版）

主编 郑 铁

西南交通大学出版社

·成 都·

图书在版编目（CIP）数据

社区活动策划与组织实务 / 郑铁主编. —2 版. —
成都：西南交通大学出版社，2022.11（2025.7 重印）
ISBN 978-7-5643-8943-7

Ⅰ. ①社… Ⅱ. ①郑… Ⅲ. ①社区管理 - 研究 - 中国
Ⅳ. ①D669.3

中国版本图书馆 CIP 数据核字（2022）第 183941 号

Sheq#u Huodong Cehua yu Zuzhi Shiwu（Di-er Ban）

社区活动策划与组织实务
（第二版）

主编　郑铁

责任编辑	罗小红
封面设计	原谋书装
出版发行	西南交通大学出版社 （四川省成都市金牛区二环路北一段 111 号 西南交通大学创新大厦 21 楼）
发行部电话	028-87600564　028-87600533
邮政编码	610031
网　　址	https://www.xnjdcbs.com
印　　刷	四川森林印务有限责任公司
成品尺寸	185 mm × 230 mm
印　　张	11.5
字　　数	212 千
版　　次	2018 年 7 月第 1 版 2022 年 11 月第 2 版
印　　次	2025 年 7 月第 11 次
书　　号	ISBN 978-7-5643-8943-7
定　　价	35.00 元

课件咨询电话：028-81435775
图书如有印装质量问题　本社负责退换

第2版前言

PERFACE

《社区活动策划与组织实务》自2018年首次出版以来，得到了广大兄弟院校和行业机构的广泛关注与支持，感谢一直选用此书的师生和行业同仁。随着我国开启全面建设社会主义现代化国家新征程，社区活动策划与组织也面临着新的机遇，肩负着新的使命。本书编写团队结合近年来的实务探索和观察反思，对教材进行了修订，主要调整如下：

1. 结合我国新发展阶段的特点和要求，对社区活动策划与组织的政策背景、时代需求进行了重新梳理。

2. 对教材结构进行了优化：一是增加导引部分，概述社区活动定义、功能、社区活动策划与组织的基本原则；二是调整第一章、第二章结构，围绕定义、流程、内容三个维度分别介绍社区、社区策划和社区活动组织。

3. 对教材内容进行了优化：第三章增加了元宵节活动策划与组织、国庆节活动策划与组织两节内容，丰富了社区节庆活动的内涵；第六章根据国务院印发的《"十四五"城乡社区服务体系建设规划》精神，把社区服务分为为民、便民、安民三类，设置为民服务类活动策划与组织、便民服务类活动策划与组织、安民服务类活动策划与组织三节内容，紧密回应了新阶段发展要求。

本书能够顺利完成修订工作，得益于重庆城市管理职业学院周良才教授的大力支持，更得益于编写团队的通力合作，在此表示感谢。编写团队分工如下：郑轶（重庆城市管理职业学院副教授）编写导引、第四章并统稿，姜雨君（重庆城市管理职业学院讲师）编写第一、二章，雷捷（重庆市渝中区上清寺街道社工站专职社工、重庆市渝中区上清寺致远社会公益事业发展促进会秘书长）编写第三章，刘炯（重庆城市管理职业学院讲师）编写第五章，李飞虎（重庆城市管理职业学院副教授）编写第六章。

由于学识有限，书中难免存在不妥之处，恳请各位专家、学者、同仁不吝赐教，也希望使用本教材的师生们批评指正。

编　者

2022 年 5 月

前　言

PERFACE

参与社区活动是满足民众日益增长的美好生活需要的重要方式之一，因此策划与组织社区活动是社区工作者需要掌握的基本工作技能。本书分为六章，第一章和第二章概述了社区活动策划和组织的流程和技巧；第三至六章，从社区节庆活动、儿童青少年社区活动、老年社区活动、社区综合活动等四个方面入手，分析了这四类最为常见的社区活动开设的重要性和必要性，列举了每类社区活动的具体内容和形式，并通过示例对社区活动的策划和组织进行了详细说明。

本书可作为教材供社区管理与服务、社会工作、民政管理等专业学生学习，也可作为实务手册为社区居委会、社区活动中心、社会福利机构、社会工作机构等一线工作人员策划与组织社区活动提供参考。

本书能顺利编写出版，得益于重庆城市管理职业学院周良才教授的大力支持，也得益于整个编写团队的通力合作。编写团队分工如下：姜雨君（重庆城市管理职业学院）编写第一章和第二章；吴金沙（西南大学在读研究生）编写第三章；郑轶（重庆城市管理职业学院）编写第四章；刘炯（重庆城市管理职业学院）编写第五章；李飞虎（重庆城市管理职业学院）编写第六章；万文（重庆仁爱社会工作服务中心）提供大量案例资料和记录报告。在此一并表示感谢。

编　者

2017 年 11 月

目　录

CONTENTS

导　引

社区是指“聚居在一定地域范围内的人们所组成的社会生活共同体”。社区是社会治理的基本单元，事关党和国家大政方针贯彻落实，事关居民群众切身利益，事关城乡基层和谐稳定。

在社区工作实践中，由于社区活动趣味性强、参与门槛较低、居民接受度较高，所以社区工作者在开展工作时，通常会从活动入手与居民建立信任关系，并通过活动的方式，开展社区宣传、社区教育、社区服务和社区治理，以达到激发居民参与、凝聚社区力量、满足居民需求、解决社区问题的目标。

目前社区活动尚无统一的定义。从社会工作的角度来看，社区工作是一个解决社区问题、满足社区需求的过程，包括一连串的工作方法、步骤及其应用的技巧。工作者在进入社区后的各个工作环节，都会涉及社区活动。适当的社区活动可以使工作者了解社区现状，发现社区存在的问题并满足社区的服务需求。

从广义上讲，社区活动指的是所有在社区中开展的活动，包括社区两委（社区共产党员支部委员会和社区居民委员会）开展的各类活动、社区居民在社区举办的活动、各类商家企业在社区举行的活动。这些活动通常是独立的单场活动，活动与活动之间、活动与社区服务之间、活动与社区面临的问题以及居民存在的需求之间，不一定有内在的逻辑关系和外在的紧密连接。而狭义的社区活动是受过专业训练的工作者，秉承专业价值理念，在相关专业理论的指导下，为了满足社区需求、解决社区问题、达到社区发展的目的，通过一系列的策划和组织后开展的专业助人活动。本书提到的社区活动特指狭义的社区活动，要遵循社区活动策划与组织的特定流程，以社会工作相关理论为价值指导和行动依据，并运用专业的方法和技巧开展活动策划与组织。

一、社区活动的功能

在社区中策划并组织开展社区活动的根本目标是为了满足居民需求、激发居民参与，进而促进社区发展、形成社区精神，推进基层治理体系和治理能力现代化建设。具体而言社区活动的开展具有如下功能：

1. 促进居民的进步与成长，提升社区居民凝聚力

社区活动并非单纯指一些娱乐性、群众性文化活动，更是一种整体的社区氛围，如同企业文化一样，对这个群体的所有人都起着凝聚力的作用。社区活动开展的目的是强调人的发展，强化居民之间的合作态度和凝聚力，培养居民自己解决社区问题的能力和自信心。社区工作相对个案工作和小组工作而言，工作对象是整个社区中的居民。社区工作通过组织开展社区居民都能参与的社区活动，帮助社区建立集体能力，改变社区现状，解决社区问题，达到使社区居民成长和进步的长远目的。通过社区活动，形成健康向上的社区文化，并以社区文化活动的普及和深化作为切入点，以社区道德规范的提倡和养成作为支撑点，积极倡导社会所认同的价值观、人生观和行为方式，最终使得社区成员在长期的交往中逐步形成共同的理想目标、价值观、风俗习惯，即形成共同的社区精神。

2. 推动社区居民参与，培养居民自主精神

社区生活中会有很多问题影响居民日常生活秩序和生活品质，社区中的社区工作者要相信社区居民有能力解决这些问题。开展社区活动，鼓励和推动社区居民的参与，既有利于社区问题的解决，又有利于居民的自我成长。首先，只有社区居民自己才最清楚社区的问题和需要，旁人对居民的处境和困难不一定有深入的认识和感受。居民通过参加社区活动明白自己的问题和需要，分析社区问题的表征和成因，并提出解决的策略。其次，社区中的每个人都有参与社区事务的权利。参与社区活动，是居民实践自己参与权的机会，居民通过社区活动学会民主技能，包括自由表达、充分交流、相互谅解、与人协商等。最后，社区居民通过积极地参与社区活动，发掘自我的潜力，积累相关的经验，培养助人自助、相互帮助精神。总之，在社区活动中，社区工作者能够不断挖掘社区居民的能力，培养其自觉、自助的能力，更重要的是提升了居民的社区意识，增强了居民对社区的归属感，促进了社区凝聚力的形成和强化。

社区工作者在策划、组织社区活动的过程中，一方面应该满怀热情，积极调动居民的参与性，另一方面又要清楚认识社区的基本情况，如传统观念、民风民俗、居民的处事方式等，在活动过程中体谅居民的难处与局限性。社区居民所参加的一切社区活动，都应该是理性而民主的，不应该受到社区其他团体利益的驱

使和影响。在制定社区活动的过程中，社区工作者应该鼓励居民共同参与，通过探索社区问题，形成理性的解决方式。

3. 提高居民社会意识，增强社区自决能力

通过合理的社区活动，社区工作者能够让居民意识到每个社区居民都有反映和表达自己意见的权利，同时也有相应的社区义务，那就是关心社区问题，改善社区关系，帮助社区资源相对公平地分配，促进社区的长足发展。社区活动可以让社区居民意识到，有些问题并不完全是居民自身原因造成的，而是与整个社区环境系统的各个阶层有关系。

社区工作者在策划、组织社区活动时，应该注重社区自决能力的培养。这就意味着社区工作者不是一个居高临下的“指挥官”，不应要求社区居民为社区工作者所指定的目标而努力，而是尽量让社区居民明白社区的具体情况，充分参与到社区活动的策划与组织上来。这一方面要求社区工作者“放权”，让社区居民了解具体情况，并在活动中增强社区自决能力；另一方面要求社区工作者不能对社区问题持袖手旁观的态度。

4. 充分利用社区资源，培养相互帮助和社区照顾的好习惯

社区活动能够充分调动辖区内的各种资源，包括商业机构、政府机关和非营利机构等组织，也包括社区内的人力物力、场地场所等资源。社区活动的开展一方面能使社区与社区已有的资源相协调，使其得到充分利用而不浪费；另一方面，也能使社区居民最大限度利用社区资源，短时间内得到相应的服务。

社区活动的开展能够促进社区居民之间的相互沟通、交流与互动，进而建立相互信任的关系。随着社会经济的不断发展，社区形式的变化日新月异，社区居民往往因为社区的急剧变化而产生疏离感，进而逃避社区内正常的交往。社区活动可以使社区居民减少疏离感，找到归属感，并逐渐开始关心邻居，积极参与社区各类活动，在活动中培养相互帮助和照顾社区的好习惯。

二、社区活动策划与组织的原则

社区活动是社区工作的具体表现方式，活动策划是否恰当、活动组织是否得力、活动开展是否顺利、活动评估是否有效，直接影响着社区工作的成效。在社区活动策划与组织过程中，工作者需要遵循并坚持以下基本原则。

1. 公益性

坚持公益性、服务群众是社区活动的主旨。坚持公益性，就是要求社区工作者在社区中开展的各类社区活动都不以经济利益为首要目的，活动所保证的是广大社区居民的利益，而不受社区其他团体的利益影响。简单地说，社区活动是以满足社区居民需要为努力方向的。

2. 差异性

社区是按照一定地域特征和居民群体划分的生活区域。一个城市由若干个不同的社区组成，各个社区之间相互作用，共同存在于一个城市体系中，又相互区别，凸显了一定的社区活动差异性。首先，各个社区之间行业结构不同，居民的文化生活方式不同，如商业型社区、工业型社区、技术型社区、学校型社区等，各自都有自己的文化生活，也各自有特点。其次，社区活动的开展、社区设施各不相同，有些社区辖区内有博物馆、图书馆、文化馆、电影院、体育场馆等，有些社区辖区内有大型群众生活广场、公园、商场等，这些不同的设施的数量、质量和使用程度很大程度上决定了社区活动的质量。因此，工作者在进行社区活动策划与组织时，需考虑到不同社区的差异性特征，并结合社区的特点有针对性地进行活动策划与组织。

3. 群众性

社区活动是面向社区广大居民的活动，要建立在广泛的群众基础之上。社区活动的策划与组织，既要在内容上及时满足群众的社区活动需求，回应群众关心、关注的社区议题；又要在形式上以群众喜闻乐见、通俗易懂、易于参与的方式，吸引广大群众积极参加。

4. 参与性

社区活动的主要目的不是要对居民进行评选排序，而是要增进居民的社区参与、促进居民的团结合作、传播普及社区文化。因此，社区活动的策划与组织，通常会以轻松、简便、有趣、合作的方式，吸引居民参与其中。社区工作者在策划和组织社区活动时，应尽量扩大参与的范围，让更多的社区居民加入活动，让大多数居民体验到参与的乐趣，从而增强他们的社区认同感和归属感；并特别注意那些参与不积极或参与困难的社区居民，充分考虑他们的特点，尽量创造条件为他们提供更多的参与机会。

5. 互动合作

社区是居民居住、生活、休闲、社交的重要场所。随着居民素质的不断提高，居民对社区公共事务的关注日益增强，对社区事务的参与也越发积极主动。与此同时，随着我国基层治理的推进，激发社区内生动力，引导社区居民参与基层治理，也是新阶段社区工作的基本要求。因此，作为社区工作者，在社区活动策划和组织的过程中，不能只是让居民被动地接受服务、参与活动，而应当充分调动居民的主动性、激发他们的能动性，邀请居民参与社区活动策划、组织的全过程，共同合作回应社区需求。

第一章　社区活动策划

【本章概览】

社区活动策划就是社区工作者在社区工作实践中以达到解决社区问题、满足社区需求的目标为目的，本着社会工作以人为本、助人自助的专业理念，运用科学的、系统的方法，发挥创造性思维，对服务对象——社区居民的各种因素进行分析，优化组合和配置所拥有的社区资源与可供开发利用的社区资源，而进行社区问题的调查、社区需求研究分析、有创意的社区活动设计并制定社区活动方案的一系列行为。

【学习目标】

1. 理解社区活动策划的内涵。
2. 掌握社区活动策划的流程。
3. 熟悉社区活动策划的内容。

第一节　社区活动策划的定义

社区工作本身是一个解决社区问题、满足社区需要的过程。社区工作者刚刚进入一个陌生的社区，按照工作的一般流程，可以分为进入社区、认识社区、组织社区、制订社区工作计划、实施工作计划和工作评估几个部分。在进入社区并且了解社区问题及需求的情况下，我们就可以开始根据社区问题和需要进行社区活动的策划了。

一、策划的界定

唐代元稹在《奉和权相公行次临阙驿，逢郑仆射相公归朝》中说到："将军遥策画，师氏密訏谟”，其中的“策画”即为“策划”。“策”主要指计谋，如决策、献策、下策。“画”与“划”相通，指设计、筹划、谋划。策划介于“规划”与“计划”之间，相对于“计划”，策划更富有预见性，多用于从“无”到“有”的理念创造过程中。相对于“规划”，策划更注重可执行性，是将宏观布局到细节执行的一个由大到小的完善过程。策划的英文单词为“planning”，翻译为“计划的制定、计算、规划”。

近年来，“策划”一词逐渐成为使用频率较高的时髦词汇。当前理论界对于“策划”一词的解释可谓众说纷纭，至今尚无定论。日本策划家和田创认为：策划是通过实践活动获取更佳效果的智慧，它是一种智慧创造行为。美国哈佛企业管理丛书认为：策划是一种程序，在本质上是一种运用脑力的理性行为。《中国公共关系辞典》对策划的解释是：“人们为了达成某种特定目标，借助一定的科学方法和艺术为决策计划的构思、设计、制作、策划方案的过程。”更多理论认为策划是一种对未来采取的行为做决定的准备过程，是一种构思或理性思维程序，也是通常讲的“出谋划策”。

结合多年实践经验，本书认为“策划”是指为了达到预期的目标，借助科学系统的方法，发挥主观能动性和创造性思维，通过调查研究分析，对目标对象的各种因素进行准确了解，对现有资源进行组合和优化配置，设计并制定行动方案的过程。简言之，策划是事先决定做什么、如何做、何时做、由谁来做的总体方案。

二、活动策划的界定

社区工作者在社区工作实践中最常运用到的工作方法就是开展社区活动。一场有效的社区活动，一定离不开有效的活动策划。从以往的研究成果来看，学者们主要从内容、形式、传播和价值四个角度对活动策划进行了界定。

从内容上看。活动内容必须具有鲜明的目的性，它是活动策划的本质、宗旨，也是活动策划的意义所在。活动内容必须直接或间接达到目的，实现直接或隐性利益。活动内容要具备广泛的社会性，为公众所接受，并对公众产生影响，并且活动内容应该具有前瞻性和预测性。策划是在思考和调查的基础上进行的科学预测，因此具有一定的前瞻性。社区工作者在策划社区活动时，要做到全面调查社区情况，内容目的明确，活动的各个环节都要体现出社区工作者的专业素质和以满足社区需求、解决社区问题为宗旨的服务态度。

从形式上看。依据活动策划的内容，活动策划在形式上须具备以下几点：

（1）可行性。活动策划不能流于文案形式，要具备实际的操作性，在策划的过程中还要考虑到诸多因素的影响，以保证活动策划的顺利执行。

（2）实效性。活动策划的投入产出比，决定了形式是否具备实效性。

（3）创新性。创新是活动策划的灵魂，好的创意可以为活动策划增色，使得活动策划更具魅力。

（4）不确定性、风险性。策划既然是一种预测或者筹划，不可避免地存在不确定性和一定的风险性。

从活动策划的过程来看。美国著名政治学家拉斯韦尔作为传播学四大奠基人之一，在其 1948 年发表的题为《传播在社会中的结构和功能》一文中，最早以建立模式的方法对人类的传播活动进行了分析，提出著名的 5W 传播模式。传播过程由五大基本要素构成：谁（who）、说什么（says what）、通过什么渠道（in which channel）、对谁说（to whom）、产生什么效果（with what effect）。

图 1-1 可以清晰地了解活动策划的成功在很大程度上源于传播的成功。

图 1-1　传播过程示意图

从价值方面来看。活动策划能否成功应有两层含义：

第一，吸引价值。活动策划是否具有创意、顺应社会主流和抓住社会热点，是否能够吸引受众的参与，是否能够引发社会各界的关注。一项活动的策划具备一直被关注的特点，是活动的吸引价值的依托与延续。

第二，体验价值。活动策划能够吸引受众最大限度地参与，表现为活动参与者心理的改变、对活动的满意程度的增加。其价值体验是由一系列舒适、赞赏、感同身受、回味等心理过程组成，给参与者以强烈的心理影响，展现了活动主题的全部价值。例如社会福利机构活动是主办方与社区居民的“深度沟通”，从而使社会福利机构服务理念、活动主题的意义深入人心。社区居民通过参与活动来体验、感受社会福利机构的服务，进而对社会福利机构产生亲切感、信赖感，这样一个体验，最终将影响活动的效益。

综上所述，活动策划是指在现代社会活动中，为达到某种预期的目标，运用科学的、系统的方法，发挥创造性思维，对目标对象的各种因素进行分析，优化组合和配置所拥有的资源与可供开发利用的资源，而进行调查、研究、分析、创意、设计并制定行动方案的行为。

社区活动策划者根据组织的现状和目标要求，对现有条件进行分析，制定相应的活动整体战略规划、活动主题和具体活动执行方案，以能够吸引公众积极参与的活动形式，宣传主办方所要推广的内容，由此带动社区居民连锁效应，促进社会工作机构知名度及美誉度的提升，达到社区工作者预期目的。

三、社区活动策划的界定

社区活动策划就是社区工作者在社区工作实践中以达到解决社区问题、满足社区需求的目标为目的，本着社会工作以人为本、助人自助的专业理念，运用科学的、系统的方法，发挥创造性思维，对服务对象——社区居民的各种因素进行分析，优化组合和配置所拥有的社区资源与可供开发利用的社区资源，而进行社区问题的调查、社区需求研究分析、有创意的社区活动设计并制定社区活动方案的一系列行为。

社区活动策划就是对社区活动精心周密的构思和设计，通过主观和客观的具体情况分析，全面整合、安排各项资源的过程。社区工作者在实践中所做出的成功的社区活动策划，其意义有时远胜于活动本身。在进行社区活动策划时，首先是要明确活动目的，进行活动定位；其次是选择活动的形式，保证社区活动在内容和形式上都具有一定的吸引力。

四、社区活动策划的基本方法

活动策划形成的前提需要有明确的动机和目的，活动策划形成的基础需要知识的积累，活动策划实现的关键是联想和假设，活动策划的过程是要有选择性与可变性。要完成一个良好有效的社区活动策划，要求社区工作者具有前瞻性思考能力，对社区的基本情况、社区问题及社区需求有整体的把握，对社区发展的规律有一定的了解，掌握社区活动策划的基本方法。

（一）结合法

一是社区工作者将社区活动策划与时下大环境相结合。策划的社区活动应符合我国基本国情，适应社会发展规律。二是社区工作者将社区活动与各类节日相结合。我国的节日丰富多彩，种类繁多，将节日庆贺与社区工作策划相结合，是让居民了解社会工作和开展社区活动的重要切入口。三是将社区活动策划与各类主题活动相结合，如“艾滋病宣传日”“肺结核宣传日”等，利用主题活动的形式开展社区活动。

（二）迁移法

迁移法指将当下流行的各种元素迁移到社区工作策划中。当今社会发展迅速，新鲜事物层出不穷，特别是随着科技的发展，出现了很多新鲜的宣传方式。社区工作者在社区活动策划中，既要积极利用新颖的宣传方式，又要将新鲜事物融入活动中，吸引更多居民参与。这样，所达到的改变目的也更加明显。

（三）举一反三法

城市是由若干个社区组成的，每个社区之间既有不同又有相同。有些地理位置相近的社区风俗文化、社区精神都有相似，在相似的情况下，社区工作者可以根据其他社区的活动来举一反三地进行策划。但在使用此种办法时，要注意不可能有完全相同的两个社区，切忌完全照搬，更重要的是结合本社区实际情况。

第二节　社区活动策划的流程

社区活动是有计划、有系统并且有着自身固有的规律的群体活动，而群体活动是一个十分庞杂的系统工程，特大型、大型社区活动甚至会包括上百个细小事项，小型的社区活动策划也由几十个细小事项构成。因此，社区活动的策划者必须预先制定一个科学合理的活动流程规划表，即社区活动策划实施的先后步骤，合理进行资源配置。这也是活动策划科学性的具体体现，体现了我们在活动前做好活动策划的重要性。

一般来讲，一次社区活动从策划到实施共分为五个阶段：前期社区需求调查研究—确定社区活动目标—设计社区活动方案—社区活动具体实施—评估社区活动成效。任何一次成功的社区活动都少不了这五个步骤。（见图 1-2）

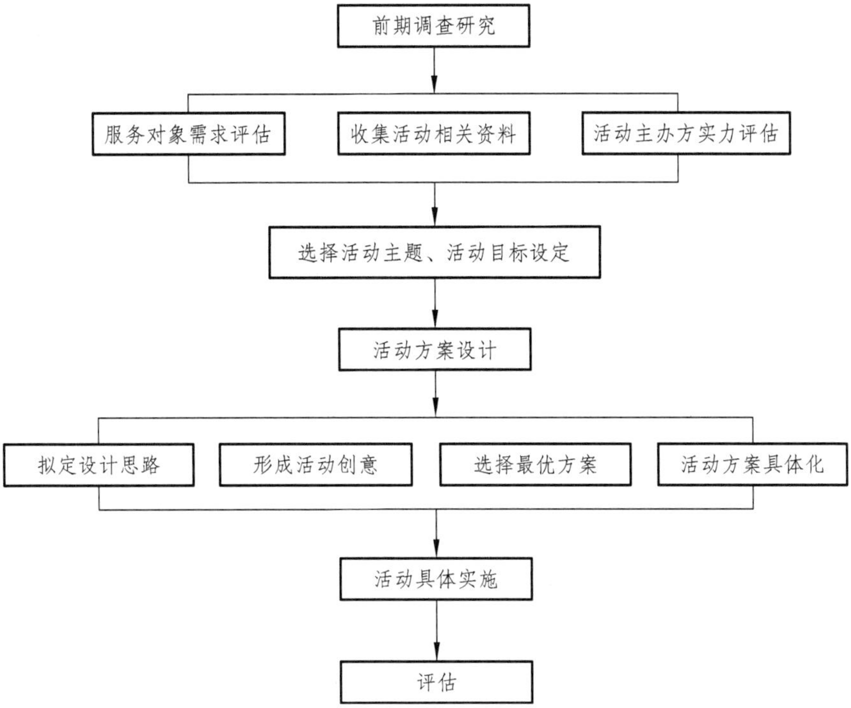

图 1-2　社区活动实施流程

为了让读者比较全面地了解整个活动策划的基本流程，下面具体介绍活动策划基本流程的内容。

一、前期调查研究

没有调查就没有发言权，策划什么主题、何种类型的活动以及如何策划活动，都是制定有效的活动方案前必须综合考虑的内外部因素，因此要做好前期的调查研究工作。活动的整体策划是在科学的调查研究的基础上，找到切入点，制定方案，为组织机构决策提供科学依据。活动策划不是照章办事、人云亦云，只有在进行广泛深入的前期调研、了解和评估服务对象的需求、充分掌握相关资料的基础上，才能确保活动目标的设定合乎实际、活动方案设计的合理可行，进而保证活动策划产生良好的效果。

文化的不同产生了许多不同的节日，怎样根据这些不同的节日策划社区活动？首先必须了解其由来，以及各个地区的风俗习惯。我国有56个民族，各个民族的文化积淀、风俗习惯不同，形成了各个民族别具特色的节日，例如泼水节、古尔邦节等。每个节日都有自己特定的时间、特定的意义，不能根据我们的喜好而改变，例如傣族泼水节又名“浴佛节”，实为傣族人的春节，在那天谁身上被泼的水最多，谁就是收到祝福最多的人。因此，我们在进行活动策划时，绝对不能根据传统习惯、思维定式盲目策划，而应该进行仔细的前期调查。

在前期调查研究中，主要工作有：

（一）了解和评估服务对象的需求

服务对象是活动的目标群体，确切了解、分析服务对象的需求，是制定活动目标的基础和依据。为了满足服务对象的需求，我们需要针对其需求选择活动主题、设定活动目标，这样活动方案才能更合乎实际。由此具体开展的活动也就能够吸引服务对象最大限度地参与，并得到服务对象的理解与支持，继而推进活动目标的实现，服务对象需求的满足，进而实现良性循环。

值得注意的是，了解社区居民需求的途径可以是多方面的。除了直接向社区居民了解，还可以与社区居民有关的人接触，与此同时，社区工作者也可以凭自己的观察来获得信息。一般来讲，前期的调查研究主要是对目标群体与活动举办方的调查、评估，即回答“服务对象的需求是什么”“活动举办方的实力如何”的问题。

（二）收集活动相关资料

首先，收集与活动相关的直接资料（调查资料），如社区适合举办活动的环境状况、社区居民是否愿意参与社区活动等。其次，收集与活动相关的间接资料（二手资料）。一方面可以查阅社区档案、历史活动记录、各类报纸杂志、影音资料及与政府、居委会、各类社会组织举办过的活动的相关内容资料；另一方面是政府相关部门的规章条例、数据资料等。

（三）分析社区工作者的实力

社区工作者在实践中所开展的社区活动必须量力而行，如果只追求活动策划方案本身的“完美”而忽略了社区工作者以及社区或机构的实力，很大程度上会导致社区活动的失败。因此，对社区工作者的实力进行分析是不可或缺的一个环节。社区工作者实力的分析主要包括以下两个方面：

首先，社会工作机构和社区工作者的资金实力。社会工作机构是以社区工作者为主体，坚持“助人自助”宗旨，遵循社会工作专业伦理规范，综合运用社会工作专业知识、方法和技能，开展困难救助、矛盾调处、权益维护、心理疏导、行为矫治、关系调适等服务工作的非企业单位。社工机构是吸纳社会工作人才的重要载体，是有效整合社会工作服务资源的重要渠道，是开展社会工作专业服务的重要阵地。社区工作者是从事专业助人工作的人员，在社区中开展社区活动的资金主要来源于社工机构。如果社工机构在此项目上资金比较充足，财务状况良好，则有利于社区工作者同各方的合作，应对可能发生的风险。

其次，社区工作者的内外部支持能力。社区居民的凝聚力和向心力，以及外部的支持都是促使社区活动策划成功的主要因素。

二、活动目标的设定

经过前期的调查研究，社区工作者明确了服务对象的需求，对自己的实力和社区的具体情况也有了足够的了解，接下来要做的是根据社区居民的需求，选择活动主题、制定活动目标。作为社区活动设计方案的引子，确定活动目标是进行具体社区活动策划的重要步骤，它为整个活动的设计指明了方向。

（一）明确性

所谓明确性，就是要用具体的语言清楚地说明要达成的活动目标。很多活动策划不成功的重要原因之一就是目标定得不够明确，从活动方案设计时就出现偏差，在活动开展时就更加抓不住重点。活动目标分为总体目标和具体目标，总体目标要细化、具体化。例如活动目标为“增强社区居民对社区的归属感”，这种描述就很不具体，因为社区居民社区归属感的增强有很多表现，如开始关心社区工作站、浏览社区宣传栏、有事向社区工作站求助、参与社区活动次数增多、为社区建设出谋划策等。在总体目标统领下，细化的活动目标设置要具体，这样策划者可以做到心中有数，针对具体的目标设计相对应的活动。

（二）有具体的衡量标准

如果制定的活动目标没有办法衡量，就无法判断这个活动目标能否实现。有时我们在活动策划和开展的过程中，策划者和执行者会有一些分歧，原因就在于没有一个可以衡量的标准。但并不是所有的目标都可以衡量，有时也会有例外，一般来说，长远的、方向性的目标很难量化。

例如社会工作机构想要为机构所有的社区工作者安排一次进一步的专业的培训，那么问题就来了，“进一步”是一个既不明确也不容易衡量的概念，到底指什么？是不是只要参加了这个培训，不管效果如何，都可以叫作“进一步”？我们可以更加准确地说在什么时间完成对机构所有社区工作者关于某个具体可行的主题的相关培训，并且在这个培训课程结束后，学员的评分以 80 分为衡量指标，低于 80 分就认为效果不理想，高于 80 分就是所期待的结果。这样目标就变得可以衡量。

目标的衡量遵循“能量化的量化，不能量化的质化”的原则，使活动策划者与评估者有一个统一的、标准的、清晰的、可度量的标准，杜绝在目标设置中使用概念模糊、无法衡量的描述语。对于目标的可衡量性应该首先从数量、质量、成本、时间、上级或服务对象的满意程度五个方面来进行设置。如果仍不能进行衡量，可考虑将目标细化，细化成分目标后再从以上五个方面衡量。如果仍不能衡量，还可以将完成目标的工作进行流程化，通过流程化使目标可衡量。

（三）可接受性

所谓可接受性，是指活动目标要能够被活动的目标群体、活动实施者所接受。如果社区工作者只是一厢情愿地进行活动设计，不考虑服务对象的需求、活动操作的可行性、督导对活动策划的建议，可能最直接的后果就是参与活动人数极少，活动开展失败，活动目的无法达到。浪费了大量的人力、物力和财力，却无法满足服务对象的需求，甚至会让社区居民对社会工作机构失去信任、上级和团队中活动实施者对团队失去信心，更甚者会影响组织机构以后活动的开展。因而，目标的设置要结合前期调研中服务对象的需求，要坚持成员参与、上下左右沟通，使拟定的工作目标在社会工作机构与社区居民、社区工作者以及志愿者之间达成一致。社区工作者既要使活动内容丰富多彩，又要让大家都可以接受。

（四）可行性、可操作性

活动目标的可行性是指在现实条件下活动是否可行、可操作。可能有两种情形：一方面社区工作者过于乐观地估计了当前形势，错误地估计了达成目标所需要的条件，以至于制定了一个高于实际情况的目标，这些条件包括人力资源、硬件条件、技术条件、团队环境因素、活动实施者组织管理能力、目标群体参与度等；另一方面，可能在花了大量的时间、资源，甚至人力成本后，最后实现原本的目标并没有多大意义。

例如社会工作机构在端午节之际，面向青年群体居多的社区举办社区居民包粽子活动，那么问题就来了：青年人会不会包粽子？青年人喜不喜欢包粽子？应该安排什么人教他们包粽子？端午放假期间青年人是不是更倾向于外出游玩？如果事先没有考虑到这些因素，就有可能导致包粽子活动参与人数不多、参与者在活动中表现不积极，进而影响活动目标的实现，达不到预期的活动策划效果。

（五）时限性

活动目标的时限性是指目标是有时间限制的。没有时间限制的活动目标没有办法评估，或会带来评估的不公。目标设置要有时间限制，根据活动内容、活动形式，拟定出完成目标所需的具体时间要求，把控活动进度，根据活动的进展状况做出适时的调整，同时还要做好应对突发情况的准备。

三、社区活动方案设计

社区活动方案设计是活动策划的重要环节之一，是根据前期调研结果、已经确定的活动主题以及明确的活动目标，尤其是根据细化的、具体的并且符合社区需求和社区现状的活动目标，设计出相应的社区活动内容。社区活动方案要体现社区活动主题与活动目标，同时还要具备一定的创新性，能够最大限度吸引社区居民的参与，使得社区居民在活动中感受舒适、产生感情共鸣等，从而达到社区工作者的服务目的。

（一）寻找社区活动设计的路径

活动设计路径的寻找一般从以下三个方面入手：

一是从现有知识、收集的资料中获得。相关的社区调查有利于我们对整个社区活动策划形成一个理论上的先导性认识，甚至形成初步的方案设计。比如，通过调研结果发现社区老年人生活单调乏味，缺乏社会支持，需要关爱和问候，决定策划以“丰富社区老年人生活，扩大他们的交际圈，扩充社会支持”为目标的活动。通过资料查询、信息收集，可以进一步了解到老年群体的特点、老年阶段最突出的需求、策划老年群体活动的注意事项等，以此可以为活动内容的安排提供参考，在进行活动方案设计时可以选择定期上门探访、举行生日会、联谊会、茶话会等活动内容，避免出现“老年人运动会”这类不太符合老年群体实际的活动形式。

二是从国内外已有的经典案例中寻找灵感。针对儿童、青少年、老年、妇女、残疾人、精神病人等群体的活动方案多种多样，国内外社区活动策划有很多是可以借鉴的，社区工作者可以分析、总结已有的社区活动方案，结合所服务的社区的实际，进行筛选，从中获得宝贵经验。

三是从其他跨界领域中产生新点子。社区工作包罗万象，涉及不同专业领域，社区活动策划的形成更是要求发散思维，集思广益。因而，策划社区活动，我们不能闭门造车，要善于从其他领域中获取有效信息。

（二）形成活动创意

创意是将初级层次的想法经过整理、筛选进而形成有结构层次的可能实现的构想。社区活动创意是社区工作者对活动的总体构想，包括社区活动的定位、规划、组织机构、时间、地点、主题、框架、内容等，好的社区活动创意可以为活动设计润色。在各种策划路径基础上形成的策划创意是一个再创造的过程，是对已知信息进行增减，进行重点重塑，改变若干切入点，加上新的灵感或新的思想。同时，策划创意要考虑到前期调研的实际情况，围绕活动目标展开，避免文不对题，才有可能获得成功。

（三）选择最优方案

策划人员要从若干个具有可行性的操作方案中，选择出最优方案。值得强调的是，最优方案需要具备两大特点：一是可行性，最优方案必须建立在实际操作的基础上，可行性是最优方案的基础与前提；二是创意性，好的活动方案往往蕴含一定的创意性，有别出心裁的设计，并且这种活动设计有助于活动效果的最大化实现。

（四）社区活动方案具体化

社区活动方案具体化是活动策划中最重要的一步，也是整个社区活动策划过程中最困难、最有意义的环节。社区活动方案具体化，主要是明确以下内容：活动目标、实现活动目标所需要的条件和资源、活动策略制定、活动形式、活动内容、人员与经费、活动策划方案的实施、活动策划方案的现场管理、媒体发布以及活动策划方案的评估等。

在社区活动策划方案具体化的过程中，其可行性问题会更加明显地凸显出来。任何一个活动策划方案都会受到人力、财力、时间等因素的限制。在制定活动方案时，须重视上层主管意见，如果领导对于整个方案的信心不足，那么活动方案实施起来将困难重重。同时要注意各部门之间的分工、协调与配合，策划方案如果得不到相关部门的支持与认同，在实际执行时，往往会被人牵制、时时受阻。因此，策划方案必须与有关部门沟通协调，取得各个部门的认可，得到各个部门的全力支持。在这个过程中还要注意各部门资源的整合，进行合理的资源链接，这样才会取得事半功倍的效果。

四、活动具体实施

活动的具体实施是将活动方案付诸实践的过程，集聚了前期调研、目标设定、方案设计等一系列活动准备过程中全部的精华，凝聚了整个活动团队的心血与努力。活动实施成功与否将直接关系到服务对象需求能否得到满足，活动策划的效果好坏。因而，整体活动方案要注意时间性。各项任务何时开始，何时结束，都要有相应的准备时间。

此外，有时候决策层不断有新的指示，活动方案需要不断进行修改。频繁修改策划方案将会使方案无法确定，实施时间更是遥遥无期，最终导致策划失败。因此，活动创意、活动方案及活动方案的实施不能无限期地拖延。每一个步骤的开始与结束均要有时间限定，只有这样才能保证策划方案得到有效、按时、保质的实施。

同时，也需要注意到，活动实施虽然是按照活动方案进行的，但并不意味着一板一眼地照章办事。活动实施过程要注重灵活性，尤其要沉着面对突发情况，并及时采取应对措施。

五、社区活动评估

活动评估是指运用科学的研究方法和技术对活动环境、活动内容及活动效果进行系统的评价，总结整个活动策划过程，考察活动是否有效、是否达到了预期目的与目标的过程。活动实际执行过程中，评估是一个常常被忽视的环节，也因此常使活动面临意料之外的困境。通过评估可以考查活动效果、服务对象需求满足情况及目标的实现程度。活动的测评可以使所有参与人员从中吸取相关经验和知识并提高今后活动的策划组织能力，为策划人员改进策划水平和服务、打造活动策划品牌提供依据。对于没有参加活动策划的人员，这是难得的学习机会，会为将来的发展提供经验。

（一）活动评估的类型

活动评估从类型上可以分为过程评估和结果评估。

过程评估是整个活动策划过程的监测，包括前期调研、目标设定、方案设计以及活动的实施过程的评估。它是对活动策划过程的每一个步骤、每一个阶段分别做出评估，关心的重点是活动策划的各种步骤和程序怎样促成了最终的活动结果，方法是了解和描述活动策划的内容，回答这一过程中发生了什么，以及为什么发生。

结果评估。活动结束后，活动的主办方应该对组织的活动进行评估，以了解整体情况。结果评估是活动整体运作管理中的一个重要环节。通过结果评估，可以判断活动的整体效益如何，存在哪些问题，应该如何加以改进，或者决定类似的活动是否仍有必要继续进行。无论是对于活动的主办方、承办方，还是对于参与活动乃至活动举办地的一般观众而言，结果评估都有着重要的意义。

（二）活动评估的方法

活动评估是一个系统收集资料，以及对活动策划过程和结果进行判断、审视的过程。

首先，收集评估资料的方法大致包括三种手段：一是利用档案记录进行评估；二是收集服务对象对活动过程和结果的意见与看法；三是使用调查方法，收集活动效果的数据和事实资料。

其次，活动评估的主要方法是基线测量评估。基线测量评估是在活动开始之前对服务对象的状况进行测量，建立一个基线作为对活动效果进行衡量的标准基线，以评估活动前后的变化，判断活动目标实现的程度。基线测量方法可以应用于个人、家庭、小组或社区活动的评估，通过对服务对象活动前、活动中、活动后的观察和研究，比较服务提供前后发生的变化。

（三）评估报告

评估报告包括对活动内容、活动形式、时间、地点、目标达成情况、服务对象满意度等的评估内容与结果。

第三节　社区活动策划的内容

社区工作者在开展社区活动中，最难的莫过于社区活动方案的设计。在查阅资料和长期的实践中，我们总结出了社区活动策划的基本类型，在某些特定的条件下针对某些特定的社区活动主题和社区活动目标，巧妙运用相应的社区活动策划模式，往往可以事半功倍，取得良好的实际效果。

一、社区活动策划的类型

在学习社区活动策划的内容前，我们需要了解社区活动分为哪些类型，不同类型的活动内容也有所不同。下面将分别介绍 12 种常见的活动策划的模式类型。

（一）交际型活动

交际型活动是在人际交往中开展工作，以人际接触为手段，与公众进行协调沟通，营造良好的沟通氛围，达到活动预期目标的同时为社会工作机构广结良缘。

其目的是通过居民与社工、居民与居民以及居民与志愿者之间的直接接触，进行感情联络，为社区居民与社会工作机构建立广泛的社会关系网络，解决社区居民问题的同时形成有利于组织发展的人际环境。

交际型活动是利用面对面交流的有利时机，充分施展社区居民、社会工作机构工作人员的交际能力，达到有效沟通和共同促进的目的。它以“感情输出”的方式，加强与沟通对象之间的情感交流，一旦建立了真正的感情联系，往往会相当牢固，甚至超越时空的限制。

乔·吉拉德是美国最出色的汽车推销员，多年来他推销的新车数量居美国推销员之首。吉拉德说：“真正的推销工作开始于把商品推销出去以后，而不是在此之前。”他说：“买主还没走出我们商店的大门，我的儿子已经把一封感谢信写好了”“你得像医生那样，他的汽车出了毛病，你就要为他感到担忧”。顾客们非常喜欢吉拉德给他们寄去的卡片，卡片的内容会随时间季节的变化而变化。他每月几乎要发出 13 000 张明信片，通过这些明信片，吉拉德与顾客保持长期联系，为他们提供帮助。吉拉德的这种方式让顾客最大限度地感受到了亲切性，所以他与顾客之间的关系非常融洽，并使他能够随时把握顾客的“消费脉搏”，为他在今后的推销活动中提供更适合顾客需要的服务创造了条件。我们在社区活动策划中也是如此，人际交往性的活动就是要注重亲切性。

（二）服务型活动

服务型活动是一种以提供优质社区服务为主要手段的活动模式，其目的是以实际行动来获取社区居民和社区里其他各类组织的了解和好评，建立社区工作者和社会工作机构良好的形象。社区工作者为目标群体提供优质的服务，使目标群体的物质、精神和人际关系方面都得到了满足，不仅有助于社区居民需求得到最大限度的满足，也为社会工作机构扩大服务打下了良好的基础。社会工作机构应依靠向社区居民提供实在、有利、优质的服务来开展服务型活动，获得居民的美誉度。离开了优质的服务，再好的宣传也必将是徒劳的。

以服务型活动为主是社会福利机构区别于以营利为主的民间组织最大的特点之一。社会福利机构按服务对象可分为老年人福利机构、儿童福利机构、残疾人福利机构等，面对的大都是社会上的弱势群体，为弱势群体谋福利是社会福利机构的宗旨。因而服务型活动策划在社会福利机构活动策划中占很大比重。

（三）社会型活动

社会型活动是组织机构通过举办各种社会性、公益性、赞助性的活动，来达到服务的目的与塑造组织机构良好形象的活动模式。它实施的重点是突出活动的公益性特点，为组织机构塑造一种关心社会、关爱他人的良好形象。目的是通过积极的社会活动，引发公众对目标群体的关注、扩大组织机构的社会影响，提高其社会声誉，赢得公众支持。社会型活动有公益性、文化性、社会性、宣传性等特征。实践证明：经过精心策划的社会型活动，往往可以在较长的时间内发挥作用，显示出潜移默化地加深公众对组织机构美好印象的功能，取得比单纯商业广告更好的效果。

社会型活动的形式主要是以组织机构本身的具有社会影响的活动为中心。这种场合的社会活动是自己搭台自己唱戏，如利用开业大典、竣工仪式、周年活动、组织内部重大事件、节庆假日等机会，邀请各界宾客、社会公众共同参与庆祝活动，渲染喜庆气氛，借庆典活动，同各界人士广交朋友，扩大自己的社会影响。

（四）文化型活动

文化型活动是指社会组织机构在公众活动中有意识地进行自身文化定位，展现文化主题，借助文化载体，进行文化包装，提高自身文化品位的活动。文化型活动的主要形式如下：

1. 文化包装

文化包装是大多数组织经常采用的一种活动方式，是运用文化装饰的手段，形成文化氛围，以鲜明的文化特性赋予活动鲜明的色彩。这对提高活动的文化品位、满足公众的文化需求具有重要的意义。如可以在各种节日开展社区活动，重阳节以“尊老”文化为主题，儿童节以“爱幼”文化为主题，将社区活动与文化相结合，在文化的包装下，社区活动也将更有意义。

2. 文化导引

文化导引是指向社区居民倡导和传播某些新的文化活动方式。社区工作者在文化导引中扮演优势文化的倡导者，正确文化风气的传播者与新型文化形式的创造者，只要社区工作者在社区活动中导引的文化能够符合社会发展和进步的要求，能够满足居民新的文化追求，就一定能被居民所认同和接受。如“静心之旅——2011年重庆·酉阳桃花源国际休闲旅游文化节”，这次文化节的主题为“魅力土家·和谐酉阳”。“文化节”的举办，是当地县委、县政府深入落实科学发展观，坚持社会主义先进文化前进方向的重要举措；是进一步扩大对外开放、加大招商引资力度，促进县域经济社会提档增速的重要举措；是落实“四件大事”，推进“四大战略”，建设“六个酉阳”，加快实现“崛起武陵山、领先渝东南”的重大举措。同时，它也是弘扬和传承民族文化，深化“唱读讲传跳”活动，做大做强旅游产业，展示和提升酉阳新形象，以活动促进经济发展的需要。

3. 组建文化基金会

社会工作机构在开展活动时应本着“取之于社会，用之于社会，造福于社会”的精神，根据社会的文化艺术和科技教育发展趋势及公众的文化与教育需求，拨出专款设立艺术与科技教育基金会，一方面能作为社会组织支持某种文化教育事业的主要阵地，另一方面能提高社会组织的文化品位和文化氛围，取得组织意想不到的社会效益。让公众感到一种浓厚的社会文化风气，公众会由文化活动上对基金会的依赖演化为对社会组织的信任，这种关系基础牢固，是社会组织追求的目标，如以关注儿童教育、促进儿童成长发展的儿童慈善基金会等。

（五）维系型社区活动

维系型活动是指社会组织在稳定发展期间，用来巩固良好形象的活动模式。目的是提高美誉度，通过不间断的、持续的公众活动，巩固和维持与公众的良好关系和组织形象，使组织的良好印象始终保留在公众的记忆中。

社会组织常常利用节庆等时机，策划一系列的节庆活动，促进公众与组织的互动，在参与组织策划的活动的过程中，拉近和维系公众与组织之间的关系，如有的社会工作站联合所在地镇委、镇政府共同策划元旦春节系列活动，包括迎新交友舞会、元旦贺岁电影、乡村篮球比赛、春节足球比赛、和谐春联送万家、元旦（春节）乒乓球比赛、除夕倒数、元宵文艺汇演、烟花汇演、元宵猜灯谜等，更好地满足群众对文化生活的需求，丰富人民群众的业余文化生活，营造浓郁的节日氛围，在喜庆的节日氛围的烘托下，提高群众对当地社会工作站、镇委、镇政府的满意度。

二、社区活动策划的具体内容

在了解社区活动策划的详细流程之后，社区工作者就要根据社区的具体需要策划社区活动的具体内容。接下来我们逐一介绍社区活动策划的内容。

（一）社区活动的主题选择

社区活动主题选择是一次有效社区活动的开端，总的来说社区活动主题的选择有以下几种情况。

1. 与传统节日相结合

我国节庆较多，如春节、元宵节、端午节、重阳节、七夕节、中秋节等，将社区活动与传统节日相结合，是简单常见的活动主题选择。在将社区活动内容与传统节日相结合时需注意：首先，查阅历史资料，参考已经开展过的社区活动资料，结合时下的新鲜事物，将传统节日活动与创新意识相结合。其次，不同的社区有着不同的风俗文化，也有着自己的传统文化。结合传统节日的社区活动，需要尊重、结合社区自有的文化。最后，不同的传统节日都有着特定的活动，如元宵节有吃元宵、逛游园会的传统，端午节有包粽子的传统，中秋节有赏月吃月饼的传统，社区工作者在利用节日开展社区活动时，既要结合传统文化的特定活动，又要符合社区特点，保证社区活动的根本目的是解决社区问题、满足社区需要，促进社区居民成长和发展。

2. 与各类主题相结合

如今社会飞速发展，社会问题也随之产生。为了使社区居民跟上时代发展的步伐，社区工作者会定期举办与近期热门话题、突出社会问题相关的社区活动，如反对家暴主题活动、“爱眼日”主题社区活动、“社区防火、人人有责”主题社区活动、垃圾分类回收环保主题活动等。

3. 与社区辖区内其他社会组织相结合

社区工作是综合性工作，任何一个社区工作者都不可能“闭门造车”，社区活动的开展牵涉了社区居民、政府机构、其他社区内组织机构等。在策划社区活动主题时，可以利用社区资源。如“真情融社区，义诊暖人心”社区活动就需要与辖区内医院合作；“社区防火”主题活动就需要与社区消防队联系等。

（二）社区活动的目标选择

社区活动需要有明确的目标，否则难以与其他活动相区别。社区活动策划的目标分为两类：一为任务目标。所谓任务目标，指解决一些特定的社会问题，包括完成一项具体的工作和服务，满足社区需要，达到一定的社会福利目标等，如开展社区法制教育，举办社区健康知识讲座，为社区未就业妇女、未就业青年开展就业意识培训，组建维护社区环境卫生小队等。制定目标时需注意社区活动给社区及生活在其中的居民所带来的改善是具体而实在的。二是过程目标。所谓过程目标，是指在达到任务目标的过程中实现的中间目标，主要是指通过社区活动培养社区居民的一般能力，包括增强居民解决社区问题的能力，提升社区居民对公民权利和义务的认知能力，培养社区居民与社区邻里交流、协商与合作能力，发掘和培养社区骨干的领导能力等。

社区工作者在社区中开展社区活动的目的是发挥社区服务功能，通过对社区居民的教育、陶冶、塑造，发挥各个要素的支配力和影响力。通过社区活动，社区工作者能够影响、教育、塑造和完善社区居民，不断增强社区活力，为促进社区居民全面发展提供有力的支持，充分发挥社区活动对于发挥社区功能、维护社区发展、稳定社会大局、促进社会发展具有的重要意义。

社区工作者在撰写社区活动策划时，可以先写此次社区活动的总目标，之后再按照社区需求分别写出社区活动的分目标；也可以先写出此次社区活动的任务目标，再根据每个阶段的活动进程写出社区活动的过程目标。

（三）社区活动的内容选择

社区活动的内容既要适应社区社会、经济、居民、文化的发展现状，又要满足不同层次的需要，最为重要的是需要符合社区活动的目的。

社区活动内容需要切合社区居民需要，体现社区服务要求。一是活动内容要注重层次设定及其阶段性。由于社区成员的职业、年龄的不同，社区活动的内容也应该有所不同。社区工作者要从社区活动层次出发，从社区人文精神、活动风尚等内在角度出发，逐步使社区活动内容符合社区活动的目标。二是要考虑综合性。社区是以共同生活为基础的居民与单位的集合。因此社区活动的内容要结合家庭活动、企业活动、校园活动等，也应该综合考虑社区管理与服务体系的建设。三是社区活动的内容要强调广泛参与性。社区活动的内容不应该是社区工作者的一厢情愿，而应该是以社区居民广泛的参与为前提。社区活动也不应该是纸上谈兵，而应该是能够在实践中动员社区居民参与的真实有效的活动。

社区活动内容策划应该贴近社区居民生活，各项活动应该具有鲜明的特色。社区活动是形成社区认同感和社区归属感的重要途径，是形成社区吸引力、感化力、凝聚力和创造力的重要方法。社区活动的内容应当具有丰富多彩、雅俗共赏的特点，同时活动内容也应当具有社区风格、民俗特点，是社区活力的直接或者间接的表现。因此，社区活动的内容应当贴近社区居民，贴近生活。

此外，在社区活动策划书中，可以将社区活动的内容根据活动步骤一个一个地详细罗列出来，如：在创建温馨社区活动策划中，活动内容分为前期准备和实际内容。

前期准备：

（1）协调本小区居委会安排活动时间和活动场所，尽量选择空间比较大而且温度舒适的室内。

（2）制定一些适合许多人共同参与的活动，并且准备活动所需的材料。

（3）做好宣传工作。在活动开始之前一定要做好充分的宣传工作，让每家每户都知道社区要组织一次这样的活动，并说明目的和活动内容，鼓励大家前来参加。

实际内容：

（1）家庭展示。每个家庭用自己的方式向大家展示自己，形式不限，可以以唱歌、跳舞、武术、话剧、小品等各种各样的形式来展示，展示结束后让居民自行投票选出表现最好的家庭，前三名将有礼品赠送。这个活动可以很好地让社区内的居民互相了解，而且大家都很愿意去看这样的节目，大家在观看节目和说笑中就互相熟悉了。

（2）利用策划人员的社工背景及知识，开展许多经典活动。如活动当天可以根据居民人数的多少，进行破冰游戏。之后把人们每 10~20 人分为一组，进行“玩具传递”活动，即大家围成一圈，选出一个人站在圈外，背过身去喊开始和结束。当喊到“开始”的时候，手拿玩具的居民开始在圈内传递玩具，等喊到“结束”的时候，拿到玩具的人将站在最中央接受居民们提出的问题或是给大家讲故事，从而达到社区居民之间互相熟悉的目的。

（3）进行成语祝福反正话的游戏。把社区居民每 10 ~ 20 人分为一组，组织者事先准备一些关于祝福的词语，活动为小组抢答形式，要求参加的居民将词语倒着念出来，回答正确的组将获得一分，得分最多的组将获得奖品，组员人人有份。这样就让各组的成员都互相熟悉，也会让他们在游戏中产生合作的精神。

（四）社区活动的时间规划

社区活动并没有严格的时间要求，但是在策划时须注意：一是根据活动目的选择活动时间，如传统节日庆祝或纪念活动，通常选在节日前夕。二是根据活动针对的人群选择活动时间，如针对社区亲子关系的社区活动，应选在周末；针对老人的社区活动，应选在天气良好的日子。

（五）社区活动的地点选择

社区活动地点的选择应优先考虑本社区的辖区内。部分社区设施良好，有开展社区活动的场地，如图书馆、咖啡厅、体育场等，应该将社区活动开展的地点选在就近的地方。社区活动的目的是提升社区凝聚力，在本社区辖区内的场地开展活动，有利于提升社区居民的自豪感。根据社区活动的内容和主要针对的人群，也可以适当调整社区活动开展的地点。如开展留守儿童暑期社区活动，可以将活动地点改为市内各大博物馆、动物园。需注意的是活动地点的选择应该契合活动目的，也应该符合参与人的特点。如举办老年人活动的场地应平坦、干燥；搭建文艺演出舞台的场地应该宽敞开阔等。

（六）社区活动的形式选择

社区活动形式可以分为：以任务为主题的活动、以游戏为主题的活动、以问题为主题的活动和以项目为主题的活动。

以任务为主题的社区活动的关键在于活动任务的设计。任务可以分为封闭型任务和开放型任务两类。封闭型的任务是每个社区居民都应自主完成的任务，它包含的主要是一些居民没有学习过的新知识，要求每位居民都能掌握。开放型任务一般是需要小组学习者共同探讨完成，任务完成的结果通常是一个实际的作品。任务涉及的主要是已经学习过的知识，允许居民在一个较大框架范围内自主选择和设计任务类型与任务主题，可以进一步整合居民已经学过的知识和技能，较好地适应居民的个性特点和能力差异，从而提升社区居民的综合能力。以游戏为主题的活动指社区工作者借用健康、益智性的游戏进行社区活动，让社区居民在各种游戏的规则与情境中发现问题、解决问题并获得正向体验，同时在不知不觉中提高社区凝聚力。以问题为主题的活动是指把社会活动置于复杂的、有意义的问题情境中，通过让社区居民以合作的形式共同解决复杂的、实际的或真实性问题，来学习隐含于问题背后的知识，形成解决问题的能力，发展自主学习和终身学习的能力。以项目为主题的活动也是将社区居民置于真实环境当中，通过与他人的合作，在完成社区活动的过程中，学习解决问题的思路以及活动背后隐含的知识。

（七）社区活动的宣传方案

社区活动宣传是运用大众传播和内部沟通方法开展宣传工作，树立良好形象的活动模式，目的是广泛发布和传播信息，让公众了解社区活动的目标群体与组织，以获得更多的支持。主要做法是：利用各种传播媒介和交流方式，进行内外传播，让各类公众充分了解社区活动的目标群体、组织，关注目标群体、支持组织，这样有利于社区凝聚力的形成、社区问题的解决和社区需求的满足，从而达到社区工作的目的。其特点是：主导性强，时效性强，传播面广，可以迅速地在社区居民中推广开来。

根据宣传对象不同，社区活动的宣传策划又可具体分为对内宣传和对外宣传。

1. 对内宣传

对内宣传是社区活动最常见的工作形式之一，它的主要对象是社区内的居民。对内宣传的目的是让社区居民及时准确地了解此次社区活动的现行方针与政策、社区活动的进展情况、组织的发展成果与困难、组织目前的工作与进展情况、外部社会环境对组织的影响等，以鼓舞士气，取得社区居民的理解与支持，增强凝聚力，形成统一的组织价值观与团队精神。对内宣传的形式多样，如社区网站、社区读物、座谈会、表彰会、社区广播等。

2. 对外宣传

对外宣传的对象包括与本社区有关的一切外部公众，目的是让他们迅速获得对本社区有利的信息，形成良好的舆论。对外宣传主要运用大众传播媒介，如报纸、电视媒体、微信平台等传播渠道。社区工作者必须善于发现和利用宣传契机，甚至有意识地创造机会宣传，以展现完美的社区活动。

（八）社区活动的物资策划和经费预算

物资是物质资源的简称。它既包括自然界直接提供的物质财富，又包括经过人的劳动所取得的劳动产品；既包括可以直接满足人们需要的生活资料，又包括可以间接满足人们需要的生产资料。狭义的物资是指商品生产过程所消耗物品的各种生产材料。社区活动策划中要求写明物资准备和此次社区活动需要的经费详情。

（九）社区活动的应急准备

“应急”一词出自宋周煇《清波别志》卷中：“一值水旱，及起解稽违，不过借南库钱以应急耳。”“应急”的简明含义为应对突然发生的需要紧急处理的事件。其中包含两层含义：客观上，事件是突然发生的；主观上，需要紧急处理这种事件。国外《钱伯斯词典》把“应急”（Emergency）定义为突然发生并要求立即处理的事件。社区工作者在进行活动策划时，应该考虑到活动时的意外事故，并对此做出一定的准备，保证社区活动万无一失。

（十）社区活动的评估

社区活动结束之后，社区工作者要如何知晓活动效果呢？这就要用到社区活动评估了。做一场活动的评估，需涉及活动的方方面面。首先，评估要有目的性，通过对整个活动开展的评估，找出活动过程中的不足，为今后类似活动的更好开展积累经验，以求完善。其次，有关评估的内容要全面。评估些什么，为哪些方面做评估，以下四个关键项目，缺一不可：① 活动的准备工作评估；② 活动执行过程评估；③ 活动费用评估；④ 活动效果评估。我们也可以通过以上四点评估一次社区活动是否成功。

我们通过量化和质化这两种方式，对相应社区活动的效果进行全面系统的评估。首先是量化方式，由以下两部分组成：① 满意度调查问卷，通过询问社区居民对活动中亲身经历的评价，获得他们对本次活动的意见，从而对活动是否为社区居民所接受做出评估。② 活动成效评估问卷，通过询问参加活动的志愿者、工作人员等人，对活动所宣传知识的接受程度，活动中出现的问题，来评估活动是否对社区居民产生了有益影响，是否达到了活动目的。两种评估均在活动完成之后进行，由志愿者负责向参加完活动的社区居民及参与活动的志愿者、工作人员等现场发放并回收问卷。其次是质化方式，由以下两个方面构成：① 通过社区居民的主观反馈，了解他们对于活动的感受以及活动给他们带来的影响。本评估的方式是：活动进行时由志愿者在附近的墙壁上贴上白纸，并在大白纸的不同区域写上希望社区居民回答的问题。由社区居民将自己想要回答的问题的答案写在便笺纸上，并贴在大白纸相应的区域，活动完成后由志愿者统一回收。② 通过询问活动组织者、社区工作人员及志愿者，了解活动的效果，与预期活动效果对比，对活动做出客观的评价。

【课后任务】

1. 了解社区活动的定义、类型。
2. 小组合力完成一次社区活动的策划书。

第二章　社区活动组织

【本章概览】

社区活动组织是指活动组织者落实计划、组织协调活动参与人员，逐步实现目标的活动过程。具体工作包括建立健全组织结构，合理安排工作人员，即把实现目标所需的人财物、时间和信息等进行合理的配置并使之协调运作。社区活动组织能起到了解发现问题、调整计划、提供依据、协调关系、信息沟通的作用。有效地发挥组织职能，对实现目标起着决定性作用。

【学习目标】

1. 理解社区活动组织的内涵。
2. 掌握社区活动组织的流程。
3. 熟悉社区活动组织的内容。

社区活动在有了完全策划的基础上，还需要将方案落到实处。社区活动属于一种现场互动，这就很容易导致活动现场存在着一定的无组织性。因此，相关部门就需要对现场进行一定的组织，使之能够有序地进行，让社区活动办得更符合社区居民的意愿，为社区长足发展做出一定的贡献。

第一节　社区活动组织的定义

有了一个比较完善的活动策划之后，如何有效地将其执行也是一门学问，从活动的各项准备到活动过程中的各种问题处理，再到活动之后的各类评估，都是我们需要学习的部分。

一、社区活动组织的定义

“组织”一词最早出现在《吕氏春秋·先己》:“《诗》曰:‘执辔如组。’”汉代高诱注道:“组读组织之组。夫组织之匠，成文于手，犹良御执辔于手而调马口，以致万里也。”宋代欧阳修在《酬学诗僧惟晤》一诗中写道:“又如古衣裳，组织烂成文。”《辽史·仪卫志二》中记载:“太祖仲父述澜……始置城邑，为树艺、桑麻、组织之教，有辽王业之隆，其亦肇迹于此乎!”《现代汉语词典》对“组织”一词的解释有多重含义，其中一种将组织解释为“安排分散的人或事物，使其具有一定的系统性或者完整性”。

“组织”在汉语里最初是指把丝麻编结成布的意思。作为动词时，组织指的是一个活动的过程，正如一股力量将丝麻编织起来成为一匹布一样。组织是指按照管理的目标，把人、事、物组织起来，合理地设置机构（把各管理层次和职能部门建立起来)，建立管理体制，确定各个职能机构的作用，规定各级权力机构的责任（规定各部门的职权和职责)，建立一个统一有效的管理系统。

社区活动组织是指社区工作者落实已制定好的活动计划、组织协调活动参与人员，逐步实现目标的活动过程。具体包括建立健全组织结构，合理安排工作人员，即把实现目标所需的人财物、时间等进行合理的配置并使之协调运作，以了解发现问题，为调整计划提供依据，充分发挥协调关系、信息沟通等职能。

二、社区活动组织的类型

按不同的组织者分类，社区活动组织可以分为直接组织、间接组织和联合组织。

（一）直接组织

直接组织是指社区工作者既是社区活动的策划者，也是社区活动直接的开展者，活动的每一个环节，都由社区工作者直接完成。一是在刚刚开始介入社区时，社区工作者可以通过各种类型的社区活动了解社区情况，接近社区居民。这个时候社区居民中并未出现居民领头人，也没有形成完善、固定的社区组织，社区工作者在这时开展活动基本是靠自己。二是在某些特定情况下，社区活动过程及实施过程都不宜有社区居民参与，故也属于直接组织。

（二）间接组织

间接组织是指在社区活动的组织过程中，社区工作者不直接作为决定者，活动策划和组织都由其他人完成，可以是社区居民领头人、社区自治组织、社区其他组织、某一类社区居民、政府机关等。如重庆市渝北区为了使“网格化”更加深入人心，社区居民委员会每周会开展相关活动，这些活动的组织者便是政府和社区居民委员会。虽然社区工作者不能随意改变这类活动的策划与组织，但是可以有效利用这些活动深入社区居民、解决社区问题、满足社区需求，让社区居民更加了解社区工作者。这要求社区工作者不能对看似与自己毫无关系的社区活动持事不关己的态度，而应利用这类型活动为以后的专业服务打好基础，并在这类活动中积累宝贵经验。还有一类社区活动是其他社区组织策划组织的，如在社区开展“重阳节老人知识讲座”活动，这个活动的组织者是社区辖区内的医院。在这类社区活动中，社区工作者主要的角色不再是活动策划者、活动组织者等，主要是资源链接者。

（三）联合组织

联合组织是指社区活动的组织者既有社区工作者，又有其他的组织者。具体可以分为以下几种情况。一是活动由社区工作者和社区带头人联合组织完成。当社区居民还不了解社会工作和社区工作者时，社区带头人在活动组织实施上就起到了很大作用。随着经济的发展，部分社区邻里之间关系日益冷漠，呈现出凝聚力差、居民对活动提不起兴趣等状况。这样的情况下，与社区带头人合作对调动居民积极性、参与性有着极大的帮助。二是与政府及居民委员会联合组织社区活动，如居委会定期的法制宣传等。这类社区活动一般有专项经费，各类资源比较充足，活动的目的、主题已经确定，社区工作者需要在已经定好的目的、主题中，加入社会工作专业理念，用专业的方法策划、组织活动。三是与社区商业机构联合组织社区活动，如辖区内艺术培训机构到社区开展暑期夏令营活动等。这类活动的特点与前一类相似，但需要注意的是商业机构是以营利为目的，有时候会将社区、社区居民的利益放在商业利益之后。社区工作者在组织居民参加活动的同时，注意提醒居民注意保护自己的利益，如果商业机构趁机向居民销售某些产品，社区工作者有义务提醒居民购买前请认真思考。四是与社区其他组织联合组织社区活动，如社区环境卫生维护小队、社区志愿服务队、社区夕阳红歌舞队等。

三、社区组织

社区组织一般分为两种，一是社区工作者进入社区之前就已存在的各类组织，二是社区工作者了解社区之后组织的社会组织。

（一）已存在的组织

通常情况下，社区在社区工作者进入工作之前就已经存在一些社会组织，社区工作者进入社区之后，首先应该了解社区各个组织自身的运作情况。一般来说，组织的行为受到组织性质、目标、工作范围、结构、规模和文化等因素的影响。社区工作者可以与这些已存在的社区组织联合策划、组织社区活动，但在过程中需要注意技巧。

其次，应该分析组织之间的关系。不同的组织之间的关系一般分三种。第一种是交换关系，即两个组织通过彼此交换而各自受益。第二种是权利依赖性关系，当组织之间交往所带来的利益高于另一方带来的利益时，收益多的一方需要用提高利益或者通过施加压力来增加自己对对方的影响，使对方在某些利益的驱使下，不得不与自己合作。第三种是授权式关系，指组织之间的合作是根据政策法规而必须执行。需要注意的是，组织之间的关系也不是一成不变的，有时会出现“即时利益”。因此社区工作者分析社区内各个组织之间关系时，需要考虑到组织的社区活动和社区居民的需求是什么，以及其他组织有哪些需求。

社区工作者进入社区之后，应该尽早与社区各个组织保持联系，为未来可能的合作奠定基础。在联合组织社区活动的过程中，应充分了解双方利益，以达到双赢的目的。

（二）社区工作者建立和发展的社区组织

建立和发展社区组织是社区工作过程中相当重要的一个环节。一方面社区组织是我们组织社区工作的一种有效的工作手段，通过社区组织可以更好地运用社区居民的集体力量来满足社区需要，解决社区问题；另一方面，组建社区组织也是社会工作的工作目标之一，社区组织为居民参与社区事务提供了途径、方式和成长计划，社区组织的良性发展也有利于从根本上提升社区能力。

组建社区组织的过程为：招收成员、订立组织规则、推选领导者、建立工作小组和筹措经费。在社区组织建立之后，管理也很重要。管理社区组织时，应注意以下几点：一是需有长期或短期的各类服务规划，二是注意社区组织财务管理，三是注意社区组织的人力资源管理等。

四、社区带头人

社区带头人指的是能够把握社区组织期望和要求的实质，代表社区组织的意愿，为社区组织小队提供方向和意见的核心人物。一个好的社区带头人往往拥有以下几个特点：热爱集体、乐于助人；重视聆听，尊重他人；工作勤奋，思想开放，不故步自封；勇于面对困难，严于律己；有良好的表达能力，视野开阔；自我认同感强，能协助他人建立自信。因此社区工作者在鼓励居民参与活动的同时，应留意观察哪些居民具有以上的特征，并加以发掘栽培，引导他们往有优势的方向发展，这样一定能够事半功倍。

韩大姐是某街道某社区的一名退休女职工，但她人退心不退，几年来一直把组织社区开展文体活动当作自己的义务工作，培养锻炼了许多舞蹈骨干，成为社区开展群众性文体活动的有力帮手。她很有组织协调能力，并善于做思想工作。社区文体爱好者年龄相对偏大，性格、经历差异较大，还有部分人来自其他社区，所以不太好组织，说深了不行，说浅了也不行，不说不行，说了也不行，有时真是让人左右为难。但韩大姐总是耐心和大家解释，从不和大家发生碰撞。提起她，人们都要伸出大拇指来夸赞一番，称她是社区活动的带头人。“老牛明知夕阳晚，不用扬鞭自奋蹄”这句话正是对韩大姐的写照。

社区工作者发现社区中有如上述案例中韩大姐这样的居民代表时，就可以考虑将其发展为社区带头人。

（一）社区带头人培训目标

在社区工作者的培训之后，社区带头人应该具有沟通技巧与人际关系技巧，筹备、主持会议与演讲的技巧；小组带领的技巧；组织管理技巧；谈判、游说的技巧；运用展览及战术的技巧；与传播媒体沟通接触的技巧；动用资源的技巧。

（二）社区带头人的培训内容

一是积极鼓励带头人参与社区活动，并将其发展为社区活动中重要的一环。

社区工作者应主动邀请社区中有领袖潜质的居民参与到社区活动策划、组织中去，充分调动他们的积极性，并对他们的努力进行充分肯定和鼓励，特别是居民普遍缺乏自信、缺乏自我肯定的社区。

二是提升带头人自主意识。社区工作者应该不断向社区带头人灌输当家做主的思想，帮助他们建立自主和自立的意识。在社区活动策划与组织中，社区工作者应提供一些机会让社区带头人独当一面，并在过程中向他们传授相关的技巧和知识。

三是建立社区带头人权责分工的意识。不少社区带头人工作很有激情，把工作任务全部包揽在自己身上，不懂得如何分工合作。一方面会导致工作压力增加，身心疲惫，情绪失控；另一方面也容易导致社区活动中分工不清、责权不明，引发居民之间的矛盾，导致居民对社区活动的参与度降低。

四是形成总结和反思的习惯。居民和社区带头人的成长，都需要从不断的实践中学习和吸收知识与经验，更重要的是对实践过程的不断总结和反思，借此发现行之有效的经验、规律以及发掘社区的其他潜能。

第二节　社区活动组织流程

在工作计划完善之后，社区活动的重点是社区活动的组织。这一阶段一方面需要对整个社区所拥有的资源进行整合、管理，对开展社区活动所需要的多种社会资源进行有效的整合；另一方面需要进一步落实社区活动策划书上面的各种细节，保证活动策划能够顺利进行。

一、社区活动的主题

组织一次有影响力、有效果的社区活动，首先就是选择一个合适的主题。社区活动的主题既要适应社区经济、文化、居民风俗习惯等现状，又要满足社区居民不同层次的需求。一是要注重层次感和社区活动的阶段性。由于社区居民、年龄、爱好、文化程度、问题和需求等方面都有所不同，社区活动形式的层次性也必然不同。二是需要综合考虑，社区是以共同生活为基础的居民与组织的集合，展开社区活动也要结合家庭活动、校园活动、小组活动、企业活动等形式。三是要关注特殊性。每个社区都有着自己的特点和文化，因此社区活动的形式和内容都应该具有特殊性。关注特殊性，就是要做到因地制宜，发展优势，扩大社区活动的影响力，创造适合本社区的独特活动形式。四是要求广泛的参与性，让社区居民参与到社区活动组织中。一方面提高居民参与的积极性，另一方面培养居民靠自己力量解决社区问题的力量。五是要求贴近生活。社区活动是形成社区认同感和社区归属感的重要形式，也是形成社区感化力和凝聚力的重要方法。

社区活动的选题范围比较广泛，社区工作者可以根据社区活动的目的、社区活动的性质、活动开展的时间频率、参与活动的主体、活动的具体内容等方面，来确定社区活动的主题和形式。常见的社区活动有公益活动、节日娱乐、主题宣传、趣味文体、亲子活动、拥军优属活动、社区照顾、科普教育和文化娱乐活动。

二、社区活动的人员招募

确定了社区活动主题之后，就可以开始对本次活动所需要的人员进行招募。社区活动的人员招募是为了达到社区活动的目的所进行的活动参与者的资源整合的过程。

招募前的准备工作是将已经做好的社区活动策划进行完整的人力资源分析分配及工作内容分析。根据社区活动策划书，社区工作者在此阶段需要对社区活动组织和实施过程中所需要的人数、志愿者的类型精心预测，确定人力需求清单。工作内容分析是指收集、分析和整理特定工作信息的一个系统的程序。工作内容分析要求参与者具体说明为了成功地完成此次社区活动，在活动中每一个细小的工作项，每一个工作人员的工作内容，必要的工作条件和志愿者的资格。简而言之，工作内容分析的目的就是为了给出一个明确的工作说明和工作规定。根据社区活动的特征，可以将工作内容分析细化为以下几点：职责和任务、工作方法、对社区活动结果的预测、所需要的人力物力、志愿者的招募与管理等。

三、社区活动的实施

社区活动的实施是社区工作者开展社区活动的组织与管理过程，分为社区活动前期准备、活动执行和活动评估三个部分。

（一）前期准备

第一，志愿者的招募。这一阶段社区工作者需完成的工作是活动志愿者的招募。发掘和组织志愿者参与社区活动也是发展社区支持网络的重要手段之一。社区工作者主要用到的技巧有：

主动邀请，由近及远。社区工作者需要有意识地将邀请居民参与社区活动与日常工作相结合，同时也要认识到在活动中，大部分居民是被动参与的，有时邀请一次还不能成功。所以社区工作者在发展志愿者时，应主动地、持续地接触居民，进行多次尝试。另外，发展社会活动志愿者应该遵循由近及远的原则，社区工作者可以先从社区带头人或者自己身边的朋友开始，鼓励他们成为志愿者，然后再推动他们邀请更多居民主动参与到社区活动中。

建立平等合作关系。社区工作者在发展志愿者时，应该与志愿者建立良好的关系，尊重他们的参与，切忌将他们视为廉价劳动力。社区工作者可以和志愿者一起工作，这样比较容易与志愿者建立平等合作的关系。此外，在志愿者遇到困难时，社区工作者要给予适当的关怀与鼓励。

提供成长与参与的机会。社区工作者需要按照志愿者的能力、意愿和兴趣爱好给他们安排工作，保证志愿者所做的工作既是有意义又是自己通过努力能够完成的工作，使其获得一个愉快的社区活动参与体验。此外，社区工作者还应该给予志愿者学习和成长的机会，比如在大型社区活动开展时，志愿者可以参与活动策划、组织，或者鼓励志愿者担任主持人等。

第二，活动宣传预热。社区工作者在宣传时首要任务是确立宣传目标，然后对宣传对象进行分析，根据宣传对象的特点来设计宣传的形式和内容，并对宣传效果进行评估，不断完善社区活动宣传方案。宣传对象的特点包括年龄、性别、民族、受教育程度、对信息的了解程度等。另外宣传的效果也受到政策、法规、社区设施的影响，缺乏环境支撑的宣传难以达到预想的效果。

宣传的关键在于吸引居民的注意力，方式多种多样，包括口号、歌舞、横幅、宣传车等，也可以邀请名人出席活动现场，但需注意的是宣传手法要与宣传目的相结合。宣传的方法技巧有：信息明确，目标化宣传。宣传信息要做到清晰明了，易于被居民理解和掌握。宣传的目标具体化，可以通过清晰的行为来指示。重复信息，为了保证宣传的信息能够在群众中得以确立，有必要对信息进行重复。正负两面宣传相结合，正面宣传是以积极和令人舒服的方式为居民建立一个美好的印象，负面宣传的方式是警告和威慑，希望通过宣传能够阻止严重后果发生和改变居民的不良行为。

第三，社区活动的物资准备。物资准备主要参考社区活动策划书，注意的是可以适当多准备一些活动物资，以防万一。

第四，困难预案及解决方法。活动开始之前，社区工作者应当对在活动中可能会遇到的问题进行预案，并给出相应的解决方法。如针对残疾人、老年人的活动可能会遇到老人、残疾人突然生病的状况，小朋友在活动中受伤，户外活动遇到下雨等情况。

（二）活动执行

执行阶段的重点在于能够按照策划好的工作方案稳步推进，期间要注意推进的策略、方法。一是注意活动节奏的掌控，特别是大型社区活动，场面可能会比较复杂，社区工作者可以多安排志愿者作为机动人员，随时掌控活动节奏及场面。二是注意经费的控制和管理，有些社区活动会离开社区辖区之内，社区工作者需要带够充足的经费，避免左支右绌。三是社区工作者及其他核心成员应该做好分工，随时掌控各个环节的执行情况。四是社区工作者和整个团队都应该做好危机处理的准备。

（三）活动评估

社区活动是社区工作的重要组成部分，跟其他助人工作一样，必须确定成果及其有效性，评估是确保服务品质的重要措施，也是社会责任的体现。根据评估的目的，评估可以分为三大类型：过程评估、成果评估和效益评估。

过程评估，就是对活动过程的质量进行评估，重点在于有关的工作过程，包括投入的资源和人员配置、一系列工作过程、各个程序的进展状态等内容。过程评估可以使社区工作者了解整个工作进程和实施情况，有助于改善工作中存在的问题。

成果评估主要考察工作成果，在多大程度上实现了预定的目标。成果评估可以帮助社区工作者了解相关工作是否取得了成效。

效益评估注重活动的成本收益，是关于所取得的工作成果与所付出的代价之间的问题。效益评估可以帮助社区工作者在不同的方案之间进行效益比较，选择成本低收益高的方案。

评估过程分为五个步骤，分别为明确评估目标、建立测评标准、设计评估方案、收集分析资料和使用评估结果。

第三节　社区活动组织内容

社区活动的组织有必要按照计划好的工作方案稳定推进，我们需要注意的是社区活动组织的策略、方法和节奏，并且要注意活动经费的管理和控制，避免捉襟见肘。另外，社区工作者也需要做好工作分工，随时掌握社会活动组织的进程和变化。

一、社区活动的方案审批

方案审批是一次社区活动的开端，当社区工作者写好了活动策划书之后，就应将方案及相关支撑材料上报机构负责人。当前社区中的社区工作者大致分为两种：一种是社区直接聘用，这类社区工作者可以直接向社区书记、主任提交活动方案；另一种是社会工作机构驻社区社工，这类工作者需要将活动方案分别提交给社区书记、主任和机构负责人，获得批准和经费后，方可组织开展社区活动。此外，社区工作者有意向开展社区活动时，就应该向督导汇报自己的想法。

二、社区活动的人员配备

人员配备，是指对参与策划、组织活动的工作人员或者社区居民进行恰当而有效的选拔、培训和考评，其目的是配备合适的人员去完成活动中的各个步骤，以保证组织活动的正常进行，进而实现开展社区活动的既定目标。现代的观点认为，人员配备不但要包括选人、评人、育人，而且包括如何使用人员，以及如何增强组织凝聚力来留住人员，这又同指导与领导工作紧密联系起来。社区活动中的人员配备，指的是将合适的人安排到合适的岗位上，确保活动的顺利进行。社区工作者在进行人员配备时，需注意以下几点。

1. 量才使用原则

量才使用就是根据每个人的能力大小安排合适的活动岗位。人的差异是客观存在的，一个人只有处在最能发挥其才能的岗位上，才能干得最好。

2. 用人所长原则

所谓用人所长，是指在用人时不能够求全责备，社区工作者在安排活动负责人的时候，应注重发挥人的长处。现实生活中，由于人的知识、能力、个性发展是不同的，组织中的工作任务要求又具有多样性，因此，组织应该选择最适合空缺职位要求的候选人。有效的管理就是要能够发挥人的长处。

三、社区活动的场地选取

社区活动场地应依照社区活动策划书，同时结合活动参与者的特质特征选取。如活动参与者为社区老人时，针对能够自由活动的老人，可将场地选在开阔的广场、会议室等。针对不能够下楼的老人，可以将活动场地转移至老人家中，采取安排志愿者上门服务的方式进行。又如服务对象是儿童的社区活动，可以根据活动需要分别开展在社区空地和活动室中。

四、社区活动的宣传形式

社区活动的宣传方式多种多样，比较常用的宣传形式是重复式标语、口号、横幅、海报、歌舞表演、发宣传资料等。

1. 知识和资料宣传

开展科普、教育类活动时，社区工作者可以通过发传单、召开座谈会等方式向居民传达相关信息，有条件的还可以编成顺口溜或者歌曲向居民宣传，提前预热相关活动。

2. 娱乐活动宣传

当需要快速吸引居民注意力时，社区工作者常用的方法就是开展娱乐活动。娱乐活动能够快速活跃气氛，吸引社区居民的注意力和兴趣，从而起到对相关议题或内容的宣传作用。

五、社区活动的后勤保障

后勤保障原本是军队组织实施物资经费供应、医疗救护、装备维修、交通运输等各项专业勤务保障的总称。但随着社会发展，它也指事业、企业及其他单位的人力运作、财产安全或办公耗材的补给等的统称。在组织活动的各阶段，都需要有专人提供相应的后勤保障。一般社区活动的后勤保障分为物质保障、场地保障、人员保障等。

六、社区活动的礼仪接待

根据具体的活动内容设置，社区活动会邀请不同的人参与进来。例如开展社区教育型活动时，可以邀请消防队员、专业医生、心理咨询师等参与活动，一方面加强了教育的专业性、系统性，另一方面可提高居民参与积极性和对知识的认同度。与社区居委会联合组织开展社区扶贫、拥军活动时，可以邀请相关的政府部门工作人员参与；开展文艺、体育类娱乐活动时，可以邀请名人明星，提高整个活动的娱乐性。

邀请到相关人员后，就应该做好接待的准备工作。一是了解来宾的情况确定接待规格，并根据来宾的职业、职务确定陪同接待的人员，然后相应地作出安排，包括住宿、就餐、陪同人员、车辆、日程安排等。之后需要作出相应的策划并呈给机构负责人及居委会书记及主任批阅，在取得同意后可以做成手册，并分发给来宾，让来宾了解大体的行程安排和活动流程，做到心中有数。二是物质准备工作。接待室、会议室或活动场所等要提前打扫干净，物品摆放整齐，桌面清洁，没有水渍、污渍。另外，茶具、茶叶要准备齐全，办公用品要提前准备好，以备不时之需。三是知识和能力的准备。要对来宾特点、职务、职业、参加何种活动有所了解，也要有较完备的关于社工机构、社区所在地区的概况资料。除此之外，还可以适当了解当地宾馆、名胜、古迹、游览路线等，保证满足来宾的需要，让其满意而归。

七、社区活动的安全保卫

社区活动中的安全保卫工作指的是保障活动参与人员的人身安全不受威胁，是社区活动能否开展的关键之一。

1. 安全保卫工作主体

社区活动的安全保卫工作主体是活动的主办方，一般是社区党支部、社区居委会、社区工作站、社区社会组织、物业管理单位以及其他召集社区居民开展活动的组织单位，这些组织单位承担参与人员的安全保卫工作。

2. 安全保卫工作对象

社区活动的安全保卫工作对象是参与活动的群体，包括社区老年人、妇女、儿童青少年，以及其他参与活动的特殊群体，精神残疾群体、残疾人群体等。

3. 安全保卫工作要素

社区活动的安全保卫工作要素指的是执行安保工作的重点，一般包括活动人群、人数、地点、天气、内容等五个要素。

活动人群。要根据参与群体的不同实施不同的安保方案，这一点会在之后几个要素的介绍中有所体现。

活动人数。活动按人数一般分为五个等级：第一等级，≤30 人，为小型活动；第二等级，＞30 人，≤50 人，为中型活动；第三等级，＞50 人，≤100 人，为大型活动；第四等级，＞100 人，≤500 人，为重大型活动；第五等级，＞500 人，≤1000 人，为特大型活动，一般社区较少组织开展。社区活动安全保卫工作根据人数等级对应相对的安保方案，一般第四、五等级活动，社区活动安保工作需要与社区派出所以及其他保卫组织合作，妥善保障活动正常开展。

活动地点。要根据活动参与对象情况进行选择，如面向老年人为主体的活动，场地选择要考虑楼层低、行动便利、场地宽敞且障碍物少、通风良好等特点。

活动天气。一般选择天气较为晴朗、温度适宜的时候开展室外活动，避开雷暴、大雪、台风等恶劣天气，降低社区活动安全保卫工作的危险系数。

活动内容。社区活动内容根据参与人群的差异来设置，高龄、行动不便的老年人活动要避开激烈运动的内容设置；家庭、儿童、青少年的户外社区活动也要考虑危险系数较低的内容，且应有专业的技术人员带领。针对具体的活动内容，安全保卫工作需要准备药箱等急救药物，如有条件应配备医务人员；外出社区活动需要购买户外保险、交通保险等。

八、社区活动的收尾工作

收尾工作有几个关键的事项，包括服务成效评估意见收集、服务团队工作总结会议、协助志愿者总结会议、沟通宣传工作以及文档整理。

1. 服务成效评估意见收集

服务成效的评估需要根据活动目标、内容以及参与人员的差异设计意见评估表。评估分为工作人员自评与服务对象评价两方面。老年人活动的意见评估表应问题较少、字体较大、浅显易懂并且以选择题为主，建议提前讲解问卷并以访谈为主。

2. 服务团队工作总结会议

召开社区活动的经验总结会，及时反思活动的成效，梳理工作经验，需要以工作报告等方式记录。

3. 志愿者总结会议

召开活动志愿者总结会，了解他们在参与过程中的感受、收获等，并给予及时的回应；协助他们共同梳理本次活动的经验，促进部分志愿者骨干成长。

4. 沟通宣传

社区活动收尾工作要注重活动成效的上传下达、广泛宣传，一方面给予出资方、监管方、社区居民及时成效反馈，另一方面能够通过服务成效的展示提升社区形象，产生社会影响力。沟通宣传需要注重社区自媒体（微博、微信公众号、微信群）、各级公众媒体的照片、通讯稿及新闻稿的及时沟通宣传。

5. 文档整理

这是社区活动的最后关键一环。文档整理的内容包括目录、计划书、总结报告、报名表、签到表、活动预算表、活动预算审批表、活动简报、其他附件（照片、主持稿）等。

九、社区活动的风险管理

风险管理是指如何在项目或者一个有一定风险的环境里，把风险可能造成的不良影响减至最低的管理过程。风险管理对于社工机构和社区工作者开展活动而言十分重要。

社区活动的风险管理包括了对活动各个环节风险的量度、评估和应对策略。理想的活动风险管理，是一连串排好优先次序的过程，使当中可以引致最大损失及最可能发生的事情优先处理，而相对风险较低的事情则押后处理。

首先，风险管理必须识别风险。风险识别是确定什么风险可能会对活动造成影响，最重要的是量化不确定性的程度和每个风险可能造成损失的程度。

其次，风险管理的目的是进行风险控制。控制风险的最有效方法就是制定切实可行的应急方案，编制多个备选的方案，最大限度地对活动开展的各个阶段的风险做好充分的准备。当风险发生后，按照预先的方案实施，可将损失控制在最低限度。

最后，风险管理要学会规避风险。在活动目标不变的情况下，改变方案的实施路径，从根本上消除特定的风险因素。

十、社区活动的评估

对于社区活动的检查和总结就是对本次活动的评估工程。评估是检查介入行动是否实现了介入计划、总结经验、提高社区服务质量的过程，是整个社区活动组织中重要的一个环节。评估是指运用科学的研究方法和技术，系统地评价社会工作的介入结果，总结整个介入过程，考查本次社区活动是否有效，是否达到了预期目的与目标过程。

（1）问卷调查法是社会调查中常用到的方法之一，是调查方运用事先设计好的问题向被调查者了解相关情况，以及向被调查者收集相关意见的方法。通过问卷调查法可以了解到社区居民对社区活动的满意程度，以及社区居民对社区活动提出的改进意见，对于提升社区活动的可行性和受欢迎度大有裨益。

（2）访谈法主要指访谈者根据预先设计好的访谈提纲，和被访谈者进行面对面的交流，以了解被访谈者的心理和行为的方法，主要包括结构型访谈和非结构型访谈两种。在社区活动评估中，访谈者可以根据访谈法有针对性地了解社区居民对于社区活动的看法和认识。

（3）观察法是指研究者根据一定的目的，用自身的感官或相应的工具观察被研究者的现场反应情况。在社区活动中，观察者可以在社区活动开展过程中观察社区居民的现场表现、反应等情况，以更好地评估社区活动。

【课后任务】

1. 以小组为单位选择一个社区活动方案分析社区活动组织的过程和内容。
2. 针对社区残疾人策划一次社区活动。

第三章　社区节庆活动策划与组织

【本章概览】

节庆活动是人们在长期生产活动实践中产生的一种特定的社会现象，是在特定时期举办的、具有鲜明地方特色和群众基础的大型文化活动，是国家、民族或区域历史、经济以及文化现象的综合体现。正因为如此，大多数节庆都蕴含着丰富的历史、经济和文化知识，因而也成为社区活动中不可或缺的内容。本章从社区节庆活动的起源、习俗、特点和意义出发，以新春活动、元宵节活动、端午节活动、中秋节活动、国庆节活动这五个主题性较强的节日来分析社区居民在节庆活动方面的需求，并在此基础上进行活动策划与组织。

【学习目标】

1. 理解社区节庆活动的理论。
2. 评估社区节庆活动的需求。
3. 了解社区节庆活动的类型。
4. 掌握社区节庆活动策划与组织的流程和技巧。

节庆活动始于原始社会，氏族部落每逢节日集会、作物丰收、婚丧嫁娶等日子，常常会举行集体活动以表示庆祝，这便是节庆的原始形态。这种原始的节庆活动，完全是一种自发而周期性举行的活动形式。同时，由于当时人们认识和把握物质世界的能力和水平较低，对一些自然现象无法做出科学的解释，便归功于神的力量，进而产生神灵膜拜，有些对于神灵的敬祝仪式，传承下来后便形成了较为稳定的节庆活动。现在意义上的节庆更为广泛，其形式包括各种传统节日以及在新时期创新的各种节日，如传统节日中最具代表性的春节、元宵节、端午节、中秋节等。

现在，随着人类社会的发展，节庆活动的形式越来越多样化。因此，在组织和参与社区节庆活动的过程中，组织者要能够把握其丰富的文化内涵和传统节日的周期性、民族性、群众性的特点，把民族精神和优良传统深深地融入人们的日常生活中，激发民族的生命力、创造力和凝聚力，推动着中华文化历久弥新、不断发展壮大。

第一节　新春活动策划与组织

一、理论基础和需求分析

新春活动，主要是指在春节前后有计划、有目的地组织社区居民参与各种文化教育、休闲娱乐活动，传承中华民族新春佳节的民俗文化，促进邻里和谐，营造欢乐祥和的喜庆氛围。春节，俗称“过年”，是每年农历的正月初一。春节是中国人最有仪式感的节日，具有深邃的守望意义。传统意义上的春节是指从腊月初八的腊祭或腊月二十三的祭灶，一直到正月十五，其中以小年夜、正月初一和元宵节等最为热闹。春节作为中华民族第一大节，是节日节庆活动的核心。千百年来，人们的年俗庆祝活动形式多样，内容丰富多彩，并带有浓郁的民族特色。春节蕴含着辞旧迎新、阖家团圆的意义，成为凝聚民族情感的重要力量，也是中华民族自我认同的一个文化符号。过年，是中国很多民族都有的一种风俗习惯，是一种传承性极强的民俗现象。我们常常用“像过年一样”的说法来形容某件事情的美好，这也反映了人们对理想状态和幸福生活的期盼。

中华民族最隆重的节日就是一年一度的春节。春节是我国一个古老的节日，也是全年最重要、最热闹的一个节日。如何庆贺这个节日，在千百年的历史发展中，形成了一些较为固定的风俗习惯，有许多还相传至今。以前，人们普遍处于解决温饱的阶段，平时的吃穿住行等方面还处在一般甚至较低水平，而到了过年，人们可以吃上几顿好饭，可以穿上几件新衣服，孩子们可以放鞭炮，可以得到更多的零钱、糖果或其他礼物，物质满足几乎成了年味的主要来源，过年变得有吸引力、有意思、有盼头、有过头。随着社会经济的发展，人们的选择越来越多，物质生活越来越丰富，慢慢地就不容易从过年所提供的物质温饱中得到满足。加上我国对外开放的程度也越来越高，很多西方文化逐渐进入了中国市场，与之相应的西方节庆活动也受到了当代很多年轻人的追捧。而传统的“年味”越来越淡，民俗传统、风俗习惯和节日氛围等也显得越来越弱。

春节是中华优秀传统文化的重要载体，蕴含着中华民族文化的智慧和结晶，凝聚着华夏人民的生命追求和情感寄托，传承着中国人的社会伦理和道德观念。时代发展对年造成的淡化影响只是外因，年味变淡的内因则是人们对年失去了以往的那种虔诚与重视。所以，我们要在社区中通过策划和组织新春活动，大力弘扬春节所凝结的优秀传统文化，突出辞旧迎新、团圆平安、兴旺发达等美好祝福的主题，努力营造家庭和睦、邻里团结、社会安定的生活环境。

二、社区新春活动介绍

在春节期间，我们会举行各种庆祝活动。这些活动均以祭祀祖神、祭奠祖先、除旧布新、迎禧接福、祈求丰年为主要内容，形式丰富多彩，民族特色浓郁。人们在春节期间都尽可能地回到家里和亲人团聚，表达对未来一年的热切期盼和对新一年生活的美好祝福。基于此，我们分别从认知培养、技能提升、情感传达三个层面入手，把社区新春活动分成了民俗传承、手工制作、关怀慰问等不同类型的活动形式。

（一）民俗传承类活动

中华民族历史悠久，民俗文化更是博大精深，它也是我国传统文化的重要组成部分。不同地域、不同民族、不同时期的民俗文化也各具特色。丰富多彩的文化活动和底蕴深厚的民俗传统，都是我国珍贵的文化遗产和资源。在现今社会开展传统民俗教育和文化活动，对营造和谐文明的人居环境，提高人民群众的思想道德素质，促成民俗文化的传承发展，起到了十分重要的作用。新春活动中的很多民俗文化也是在实际生活中不断形成和发展的，因此可以按照新春佳节的不同时间，开展不同主题的民俗活动，培养人们的民族意识和爱国情怀。

1. 腊八节

腊八节，即农历的腊月初八，俗称“腊八”。古人有祭祀祖先和神灵、祈求丰收吉祥的传统。社区可以在这一天以“腊八粥”为主题，开展果子雕刻、糕点拼盘、新春茶话会、巧做腊八粥、粥传亲友等形式的活动，表达出人们祭祀神明、驱疫禳灾、欢庆丰收、传达祝福的情感。

2. 小年

小年，即农历的腊月二十三或二十四，小年并非专指一个节日，由于各地风俗不同，被称为小年的日子也不尽相同，有的也认为小年是喜迎春节正式开始的起点。小年期间主要可以开展的民俗活动有扫尘、祭灶等。社区可以组织写春联、送春联、集体清扫志愿行动等活动内容，以这些民俗活动来寄托中国劳动人民对美满生活的向往，祈求神明保佑新的一年合家平安、吉祥如意。

3. 除夕

除夕，是岁末的最后一个夜晚，也称之为“岁除”，寓意为旧岁至此而除，另换新岁，又称大年夜、除夕夜、除夜等。除夕自古就有祭祖、守岁、团圆饭、贴年红、挂灯笼、压岁钱等习俗，在人们心中，除夕也是漂泊在外的游子与家人团圆，在爆竹声中辞旧岁，烟花满天迎新春的日子。社区可以组织与独居老人、残疾人等困境群体吃团年饭、在社区挂灯笼、贴对联等活动内容，除旧迎新，喜迎新年的到来。

4. 春节

春节，即大年初一，原名“元日”。在这一天拜年是中国民间的传统习俗，是人们辞旧迎新、相互表达美好祝愿的一种方式。社区可以组织编写贺卡、送吉祥语、设立祝福墙或心愿墙等活动，为人们提供一个发现美好、表达问候、传达祝福的机会和平台。

（二）手工制作类活动

手工制作是指一些自己动手的趣味性小项目或手工加工项目，即使看上去再平常的物品，经过手工制作的一系列拼接和粘贴处理等，也会变成一件崭新的艺术品。一些中国传统的手工制作项目如剪纸、布艺等不仅有利于激发人们的创造性、提升制作技能，而且有些手工艺品深受外国人喜欢，也因此催生了国内手工行业的日益繁荣。在新春活动中，社区也可以开展这些服务活动，让参与者在手工制作的过程中提升自身的能力。

1. 纸艺

纸艺是中国最古老的民间艺术之一，它能给人一种视觉上的美感和艺术上的享受。纸艺手工制作的材料通常都是比较简单或者容易获得的，春节期间可以开展剪纸或折纸类型的活动，如开展剪窗花、墙花、灯花等活动，然后贴到自己家里或者社区里，还可以举办剪纸装扮家园的评比活动，或者组织开展“纸风筝”制作的社区活动，以此烘托出节日热闹、喜庆的氛围。

2. 布艺

布艺，即指布上的艺术，是古时期中国民间工艺中的一项独具特色的技艺。中国古代的民间布艺主要用于服装、鞋帽、床帐、挂包、背包和其他小物件的装饰（如头巾、香袋、扇带、荷包、手帕等）、玩具等。社区新春活动可以围绕以布为原料，集民间裁剪、刺绣、缝纫等传统的制作工艺于一体，开展蜀绣、苏绣、湘绣、十字绣等刺绣小组和购物袋、箱包饰品等制作学习课堂，一方面让参与者在一针一线中愉悦身心，另一方面也提升他们的手工制作技能。

3. 文艺

文艺，即文学和艺术，有时指文学或表演艺术，是人们对生活的提炼、升华和表达。我们这里讲的文艺重点是指表演艺术，例如社区新春活动可以是组织开展跑竹马比赛、新春文艺汇演、观看皮影戏、戏曲擂台、服装展示 T 台秀等。社区可以邀请辖区的文体类社区社会组织策划、参与活动，其表演所需道具、节目内容均可由社区居民自己制作和编排，形成从选材—制作—表演—观赏的系列活动。通过这些观赏表演性的节目，从视觉、听觉等层面培养和提升居民的审美能力与社区事务的参与能力，实现美学艺术与社区参与的结合，实现居民对美好生活的追求。

（三）关怀慰问类活动

在基层社区要扎实做好关心困难群众生活的工作，通过整合辖区慈善资源，配合有关部门，对生活困难的群众开展一系列个别化、集中性的走访慰问活动，进一步做好困难群众的生活保障工作，让社区的困难群众能够感受到党和政府的温暖，也确保他们能过上愉快祥和的节日。

1. 个别化服务活动

个别化服务活动，即应当尊重服务对象的个体差异，不应当使用一般或统一的服务方法回应他们的独特需要，要充分考虑到服务对象在性别、年龄、职业、社会地位、宗教信仰以及精神或生理状况等方面存在的差异，及其与社会主流价值之间可能存在的冲突，尊重个性化需求。在社区新春活动中，可以通过链接辖区爱心企业、慈善组织、志愿组织的资源，针对困境老年人、孤儿、留守妇女和儿童、生活无着的流浪乞讨人员、残障人士、精神病患者等特殊困难群体组织开展入户探访、物质慰问、电话慰问、送餐上门、志愿陪伴等服务活动，让生活困难或行动不便的群众感受到社区大家庭的关怀，增强他们对社区的归属感。

2. 集中性服务活动

集中性服务活动，即根据社会大众的共同兴趣爱好、生活习惯、文化特征、思想意识、经济条件等，有目的、有组织、有计划地开展相关的服务活动，以便满足大家的共性需求。社区新春活动中，可以结合党政政策，对困难党员、孤寡老人、残疾人、低保户、经济困难户等开展集体的关怀会议；也可以根据有共性需求和特点的居民，开展自信心提升小组、自我认知小组；或者是根据困难的程度和自我改变的意愿，开展就业指导咨询、就业培训、就业总结交流分享会等。让社区中的每一类人群都能在新春佳节之际有一个新的面貌，以一种新的姿态去迎接新的一年。

三、社区新春活动策划与组织示例

上文介绍了社区新春活动的民俗传统和服务活动形式，接下来，我们以“送福送礼送年味”新春慰问活动为例，通过以下这份社区慰问活动策划与组织方案，向大家进一步呈现社区新春活动策划与组织的步骤和要点。

“送福送礼送年味”新春慰问活动

一、活动背景

为深入贯彻落实中央文明办《关于2022年元旦春节开展志愿服务关爱行动的通知》精神，结合当前疫情新形势，进一步做好困难群众的生活保障工作，让社区的困难群众能够感受到党和政府的温暖，也确保他们能过上一个愉快祥和的新春佳节。因此，本社区将针对社区困境空巢、独居老人开展“送福送礼送年味”新春慰问活动。

二、活动主题

送福送礼送年味

三、活动目的

总体目标：以“五社联动”的机制，整合辖区慈善资源，为社区空巢、独居老人送温暖，让他们度过一个愉快、温暖的新春佳节，在社区营造祥和的新年氛围。

具体目的：

1. 了解社区空巢、独居老人的生活情况。

2. 为社区空巢、独居老人打造新年的居家氛围。

3. 关爱社区空巢、独居老人，体现社区和谐氛围。

4. 提升社区居民对社区的认同感、归属感。

四、活动时间

××××年××月××日 9：00—11：00（一般是春节前后一周）

五、活动地点

××街道××社区

六、活动组织

1. 主办单位：××社区党委、居委会、新时代文明实践站

2. 承办单位：区慈善总会、××志愿服务中心、××有限公司

七、活动对象

社区 30 名空巢、独居老人

八、活动内容

（一）筹备期　××××年××月××日—××××年××月××日（活动前半个月左右）

1. 撰写活动方案。

2. 筛选符合条件的老人，确定名单。

3. 联动社工上门走访，了解老人的新年愿望。

4. 借助网络平台，以微传单的形式发布“微心愿”。

5. 接收爱心企业的对联、礼物等物资，做好记录。

6. 对接××志愿服务中心，确定志愿者人数。

7. 制作横幅、联系记者。

（二）执行期　××××年××月××日（活动当天）

9：10—9：20 在社区门口举办活动启动仪式，并介绍本次活动背景、意义、内容。

9：50—11：30 社区网格员、工作者、爱心企业员工带领志愿者上门

（三）具体内容

1. 组织“社工+志愿者”的服务团队上门，为老人送“福”、送对联，同老人一起贴“福”、贴春联，让他们切身体会年味，感受到社会各界对他们的关心与关怀。

2. 了解老人的新年期望，以“你的心愿我来实现”的形式为他们准备新年礼物，为他们带去爱与惊喜，让他们快快乐乐过新年。

九、人员分工

1. 活动横幅、海报，题字:“送福送礼送年味”新春慰问活动（由×××负责，活动前一周完成）。

2. 确定走访人员的名单，并完成社区走访，心愿收集（由×××负责，活动前半个月完成）。

3. 发布微心愿，对接爱心企业、慈善组织、志愿组织（由×××负责，活动前一周完成）

4. 媒体邀请及网络推广（由×××负责，活动前一周完成，并于活动当天做好接待工作）。

5. 在网上购买意外保险（由×××负责，活动前一天确定）。

6. 活动现场拍照，联系记者（由×××负责）。

十、活动物资清单

序号	支出类别	明细	单价（元）	数量	总额（元）	负责人	备注
1	物资	横幅	80	1条	80	×××	
		矿泉水	2	60瓶	120	×××	
		口罩	1	40个	40	×××	疫情防控
		对联、福字	10	30份	300	×××	如无捐赠，自行购买
		新年礼物	50	30份	1500	×××	如无捐赠，自行购买
2	宣传	媒体费	200	1	200	×××	
3	合计（元）	2240					

十一、预计困难和解决措施

1. 捐赠数量不够的问题

解决措施：在服务预算中增加“对联”和新年礼物的预支金额。

2. 疫情防控的问题

解决措施：提前检查两码，并要求走访者做好个人防护。

第二节　元宵节活动策划与组织

一、理论基础和需求分析

春节一般由“过小年、过大年（除夕）、送年、过十五（元宵节）、送十五”组成主要节俗。人们重视正月初一至十五的习俗，有“正月十五没出年”的说法。如果把中国大年作为“吉祥节”，那么正月十五月圆时刻的元宵节则是“祥和节”。所以，从一定意义看，元宵节也是贺新春的延续。元宵节的主题是追求团圆、祥和喜庆，其宗旨是表达中华民族追求吉祥、团圆、和谐的传统和人文精神。

2017 年 1 月中共中央办公厅、国务院办公厅印发了《关于实施中华优秀传统文化传承发展工程的意见》，明确指出要“深入开展‘我们的节日’主题活动，实施中国传统节日振兴工程，丰富春节、元宵、清明、端午、七夕、中秋、重阳等传统节日文化内涵，形成新的节日习俗”。文化是一个民族的血脉，节日属于民俗文化的组成部分，弘扬传统文化是提升国家文化软实力的关键。元宵节在我国传统文化中占有十分重要的地位。如今，元宵节变成了春节的“尾巴”，节日传统渐渐淡化，节日热情逐渐退却。因此，而今的元宵节活动，在传承优秀的传统习俗同时，也赋予了许多时代节日内涵，让古老的元宵文化更加丰富多彩，具有时代气息。所以，我们要在社区中通过策划和组织元宵节社区活动，我们更需要将文化、健康、团圆、喜庆等主题融入活动中，将传统习俗与时代气息融合，弘扬和传承元宵文化，既是保护传统文化资源，也是促进社会和谐、鼓励人们向上向善、增强民族凝聚力，都具有时代意义，更能提升国家的文化软实力。

二、社区元宵节活动介绍

元宵节，在一元复始、大地回春的节日夜晚，天上明月高悬，地上彩灯万盏，人们观灯、猜灯谜、吃元宵，阖家团聚、其乐融融，俗称“闹”元宵。何为“闹”呢？“闹”字，表现出元宵节活动的喜庆热闹和欢乐。纵观古今，元宵节的风俗活动分为神灵崇拜型和大众娱乐型活动。基于此，我们分别从认知培养、健康休闲两个层面入手，把社区元宵活动分成了风俗活动传承、休闲娱乐等不同类型的活动形式。我们在社区内营造喜庆欢乐的氛围，传承发展中华优秀的元宵节文化，鼓励人们向上向善、增强民族凝聚力。

（一）风俗传承活动

元宵节的民俗活动主要有赏花灯、送花灯、吃汤圆、猜灯谜等一系列传统民俗活动。此外，不少地方元宵节还增加了游龙灯、舞狮子、踩高跷、划旱船、扭秧歌、打太平鼓等传统民俗表演。

1. 赏（送）花灯活动

赏花灯即节日期间民间有挂灯、打灯、观灯习俗，故也称灯节。其始于西汉，兴盛于隋唐。随着时代的转变，正月十五的“观灯”变成了群众自发的活动。在正月十五晚上，街头巷尾，红灯高挂，有宫灯、兽头灯、走马灯、花卉灯、鸟禽灯等，吸引着观灯的群众。社区活动中，我们可以组织居民制作花灯、挂花灯，比如，以花灯学习小组，教会小区居民制作方式，用制作的花灯装扮小区公共空间小角落，再组织居民在小区内赏花灯。它将促使社区居民以花灯交友、赠友，增加社区的归属感。

2. 猜灯谜活动

猜灯谜活动又称打灯谜，是中国独有的富有民族风格的一种传统民俗文娱活动形式，是从古代就开始流传的元宵节特色活动。每逢农历正月十五，民间传统都要挂起彩灯，燃放焰火，后来有好事者把谜语写在纸条上，贴在五光十色的彩灯上供人猜。因为谜语既能启迪智慧又迎合节日气氛，所以响应的人众多，而后猜谜逐渐成为元宵节不可缺少的节目。灯谜增添节日气氛，展现了古代劳动人民的聪明才智和对美好生活的向往。当下，我们举办猜灯谜活动时，不仅融入传统的诗词、谜语等，还可以加入党史事件、党的十九届历次全会精神、社会主义核心价值观等知识，让居民群众在欢度佳节传承和弘扬中华优秀传统文化的同时学习红色文化，重温中国共产党的百年奋斗史诗。

3. 走百病活动

古时北方地区正月十五或十六，妇女们会成群结队地出去走走，或到桥边走走，或到城门墙处摸钉求子，到了晚上再返回家中。走百病也叫走老貌，经历寒冬之后，老人们也会出去走走，舒展舒展筋骨，越活越年轻。因此，走百病的风俗活动更寓意着健康。所以，我们可以设计社区漫步、公园行走等类型的活动，组织社区居民参与。比如，2012 年，佛山将“元宵”“走百病”“慈善”更好地结合起来举行“元宵慈善万人行活动”表彰佛山公益慈善之星，由于加入慈善元素，活动大概有 50 万人参与。“行通济，无闭翳”，只要走通济桥就无烦恼，走百病成为当地人们共同的文化盛事和积极健康向上的民俗。

4. 吃元宵活动

吃汤圆，有的地方叫吃元宵，两者的差别其实不大，但是南北方的称呼有所差异。正月十五吃汤圆，是传统的元宵节习俗，寓意着团团圆圆，希望每个家庭在新的一年里和和美美，万事团圆，陪在老人身边吃一碗汤圆，图一年的好兆头。因此，在吃汤圆的风俗活动中除了寓意团圆，还寓意着孝亲敬老。所以，我们可以举办“元宵宴”，向居民介绍元宵节的饮食文化，让居民自己动手做元宵，一起吃元宵，还可以安排社区志愿为辖区的空巢、独居老人送元宵。

（二）休闲娱乐活动

元宵节，是一个“喜庆”的团圆节，是一个“健康”的团圆节，是一个“梦想”的团圆节。通常我们可以做以下三类休闲娱乐活动。

1. 社区游园会

游园会一般选在社区广场、社区公园等较为空旷的地方，由社区与社会单位、社会组织等合作开展“文艺表演+摊位互动”或单一摊互动等多种方式的活动。游园会强调多元化的活动形式和多样性的活动内容，居民的参与人数较多，流动性大。因此，在开展游园活动时，需注意积分兑换原则、场地安全性等。如当地有疫情防控等文件要求时，可制定游园活动的形式和控制参与活动的人数。开展游园活动，我们可以设计扔纸飞机、幸福敲锣、快乐保龄球、吹蜡烛、猜灯谜等游戏摊位，以及踩高跷、划旱船等风俗文化娱乐体验摊位，让居民在游园会度过一个开心快乐的元宵节。

2. 社区健步行

为全面贯彻落实全民健身工作精神，让群众体育扎根基层社区，社区举办居民健步行活动。目前，健步行活动是最受欢迎的群众健身活动之一。健步行分为两种，一是公园健步，通常以竞技比赛为主，活动举办者会邀请专业的体育指导员带领居民做简单的热身活动，再进行比赛，通过竞技性的健步走，达到身体锻炼的目的；二是参观健步，通常以外出参观主题公园、纪念馆进行观赏性的健步行，以居民追寻红色文化、孝亲敬老等文化足迹，达到文化追寻与身体锻炼的目的。基于此，丰富社区居民文化生活，提高身体素质和提升生活质量。

3. 社区文艺汇演

文艺汇演指的是文学和艺术表演，有时指文学或表演艺术，是居民群众对生活的提炼、升华和表达。社区中隐藏着各种文艺“大师”，他们也有登上舞台的梦想。社区整合辖区文体类社区社会组织的力量，邀请社区文艺“大师”参与，融入元宵节传统的元素，开展“我们的元宵节”文艺汇演活动，为社区居民提供展示自己的舞台。

三、社区元宵活动策划与组织示例

上文介绍了社区元宵节的民俗传统和服务活动形式，接下来，我们以“年味浓”手工小组为例，通过以下这份小组活动策划与组织方案，向大家进一步呈现社区元宵节活动策划与组织的步骤和要点。

“年味浓”手工小组活动策划与组织方案

一、小组名称

“年味浓”手工小组。

二、设计理念

本小组因中国传统年节将至，为传承中华民族传统文化和技术，营造良好的文化氛围，并从人性出发，秉持着“人有改变、发展和改善自己的能力”的价值理念，特此开展制作过年装饰品的手工小组活动。主要包括剪纸、剪窗花、剪字、做花灯等传统手工的制作，彰显浓厚的春节气氛。

三、理论构架

活动理论针对社会撤离理论所提出的老年人因活动能力下降和生活中角色的丧失而愿意自动地脱离社会的观点，认为：

（1）活动水平高的老年人比活动水平低的老年人对生活满意程度更高并且更能够适应社会。

（2）老年人应该尽可能长久地保持中年人的生活方式以否定年老的存在，用新的角色来取代因丧偶或退休而失去的角色，从而把自身与社会的距离缩短到最低限度。

活动理论对老年社会工作的意义在于，无论从医学和生物学的角度，还是从日常生活观察表明，“用进废退”是生物界的一个基本规律。因此，社区工作者不仅要在态度和价值取向上鼓励老年人积极参与他们力所能及的一些社会活动，而且更需要为老年人的社会参与提供更多的机会和条件。

本小组运用社会撤离理论和社会重建理论的相关知识，通过手工小组活动的开展，可以维持老年人的动手动脑能力，减缓其衰退速度，也可以促使老年人在小组活动中发挥其潜能、天分。在小组中，老年人通过互相交往与学习，可以重新确认自身的能力，进而建立自信心，可以满足社区老人对精神及心理上的需求。同时也通过小组活动改善老人对人际关系的认识，增加现有的社交活动内容及对象，丰富其老年生活。

四、目标及目的

总体目标：提升老年人自信心，营造良好的节日氛围。

具体目的：

（1）丰富社区居民的文化活动，培养居民的兴趣爱好。

（2）发掘社区居民的动手能力和创新能力以及自我组织能力。

（3）搭建社区互动交流平台，拓宽居民的社交网络。

（4）增进社区居民之间的感情，倡导关爱社区特殊人群。

五、活动内容

1. 服务对象：

社区中行动便利、有手工爱好的老年人。

2. 小组特征：

性质：成长性小组。

活动节数：六节。

时间：每周二 14：00—15：00。（一般是年前开展，在元宵节后结束）

地点：社区老年活动室。

人数：8～12 人。

3. 招募方式：

（1）通过社区广播发布活动信息，自愿报名。

（2）由楼栋长、网格员、社区干部等工作人员推荐。

（3）在社区中摆摊设点，集中招募。

六、小组活动内容

第一次活动

活动带领者：社工 2 名。

观察记录员：工作人员 1 名。

目标：

1. 介绍小组功能、性质，让大家熟悉流程。
2. 增进小组组员彼此间的熟悉。
3. 初步感受剪纸艺术。

注意事项：

1. 提前制定好规则，避免组员哄抢剪纸材料。
2. 注意剪刀的使用和剪纸过程中的安全。

时间	目标	内容	所需物资
10 分钟	组员间相互认识	认识游戏：“我们认识”。 1. 第一轮，组员围坐成一个圆圈，依次介绍自己的名字、兴趣、爱好等。 2. 第二轮，组员依次起身先介绍自己，然后向大家介绍自己认识小组中的谁谁谁，如我认识你，你是×××，喜欢……（可以是运动、食品、动植物等）。 3. 依次介绍下去，直到所有组员都介绍完自己及他人即可结束（过程中注意提醒组员不要重复介绍或总是介绍同一个人）	座椅 13 张
10 分钟	让成员对剪纸艺术有一定了解	1. 简要介绍剪纸艺术的文化背景： 剪纸是中国汉族最古老的民间艺术之一，它的历史可追溯到公元 6 世纪。其实剪纸起初是为了避邪等象征意义，然后普遍用于窗花、喜庆节日，现在一方面是用于婚庆，另一方面是用于家居装修。剪纸的文化意义就是充分反映百姓的生活内涵，具有浓郁的民俗特色。	投影设备、PPT

续表

时间	目标	内容	所需物资
		2. 简要介绍剪纸的方法、图样： 单色剪纸是剪纸中最基本的形式，由红色、绿色、褐色、黑色、金色等各种颜色剪成，主要用于窗花装饰和刺绣的底样。主要有阴刻、阳刻、阴阳刻结合三种表现手法。用于刺绣底样的剪纸，常用剪刺结合的手法。刺是以针尖在花纹的细部刺出小型圆点，在一些部位留出“暗刀”，可以作为刺绣时套针换线的依据。折叠剪纸、剪影、撕纸等都是单色剪纸的表现形式	
25 分钟	每位成员都学会剪五角星	1. 学习五角对称折纸方法： 在许多剪纸作品中，需要表达五种元素进行堆砌的效果，这个时候就需要采用到五角折叠剪法，同时与四角折叠剪法相似，五角折叠剪法主要应用到的剪纸题材通常也是与“五”有着密切的联系的，而对于五角折叠剪法，还有一个要注意的要点就是五个角的摆放问题，如果不能够很好地处理好这五个角的方向和位置的话，很容易给人以不稳定的感觉。 2. 剪裁五角星： 以“五角星”为例，先示范讲解，然后一个动作一个动作地教组员折叠和剪裁	红色正方形窗花纸、剪刀、笔
10 分钟	体验第一次剪纸就成功的感受	分享感受： （1）折纸的时候遇到了什么困难？ （2）剪出来的形状跟自己想象的形状是一样的吗？为什么会出现这样的情况？	
5 分钟	总结	1. 总结本次活动内容。 2. 社工强调下次小组活动的时间、地点以及主题	

第二次活动

活动带领者：社工 2 名。

观察记录员：工作人员 1 名。

目标：

1. 巩固五角星剪法。

2. 让组员学会剪简单窗花图案。

注意事项：

在教三种窗花图案的时候把握好时间，以组员的接受能力来确定讲解的速度。

时间	目标	内容	所需物资
2 分钟	确认出席组员	签到： 让出席本次活动的小组组员在签到表上签下自己的名字	签到表、笔
13 分钟	回顾上节活动内容，加深印象	1. 邀请组员回顾上节五角星的剪法。 2. 带领组员一起复习五角星的剪法	红色正方形窗花纸、剪刀、笔
35 分钟	1. 让成员学会 3 种新的窗花剪法。 2. 获得自己动手完成剪纸的成功体验	1. 介绍本节需要学习的 3 种窗花图样的剪法。 2. 自己绘制 3 种窗花图样，完成剪纸。 社工提前绘制好三种简单的窗花图案，粘贴在一张彩色硬卡纸上供组员观察，然后逐一教组员剪这三种窗花	红色正方形窗花纸、剪刀、笔
10 分钟	总结	1. 社工总结本次活动，并且邀请组员分享对本次活动的感受。 2. 社工强调下次小组活动的时间、地点以及主题	

第三次活动

活动带领者：社工 2 名。

观察记录员：工作人员 1 名。

目标：

1. 让组员学会剪蝴蝶。

2. 让组员学会剪花边。

注意事项：

在本次活动中，社工要提醒组员认真学习，剪好后的图案在春节前夕会送给社区的孤寡、独居老人。

时间	目标	内容	所需物资
2 分钟	确认出席组员	签到，让出席本次活动的小组组员在签到表上签下自己的名字	签到表、笔
8 分钟	回顾上节活动内容，加深印象	1. 带领组员一起复习上节内容。 2. 简要说明本节主要内容，提醒组员认真绘图和剪纸，剪好后会把剪纸图样粘贴在卡纸上，送给社区孤寡、独居老人	红色正方形窗花纸、剪刀、笔
15 分钟	1. 事先动动手，活动手指。 2. 尝试剪蝴蝶	1. 介绍剪蝴蝶的方法。 2. 画蝴蝶图样，完成剪纸	红色正方形窗花纸、剪刀、笔
25 分钟	1. 学会剪花边。 2. 完成手工小组中将用来赠送社区孤寡、独居老人的窗花	1. 学习四角对称折纸方法： 四角对叠的剪纸，是传统剪纸中常见的一种形式。民间称这种以中心点多次对折形式的剪纸为“云子”或“团花”。剪制时注意被折边的取舍，不宜太多或太少，应巧妙地安排布局。 2. 画图样，完成剪纸	红色正方形窗花纸、剪刀、笔
10 分钟	总结	1. 引导组员分享学习感受，初步讨论春节送窗花送祝福的相关事宜。 2. 社工强调下次小组活动的时间、地点以及主题	

第四次活动

活动带领者：社工 2 名。

观察记录员：工作人员 1 名。

目标：

让组员学会剪“年年有鱼”。

注意事项：

本次活动在剪鱼鳞的时候要提醒组员注意安全，有些细节地方的剪纸需要提醒、鼓励组员互帮互助。

时间	目标	内容	所需物资
2 分钟	确认出席组员	签到，让出席本次活动的小组组员在签到表上签下自己的名字	签到表、笔
8 分钟	回顾上节活动内容，加深印象	1. 带领组员一起复习上节内容。 2. 简要说明本节主要内容	红色正方形窗花纸、剪刀、笔
40 分钟	1. 学会剪“年年有鱼”窗花。 2.感受春节氛围	1. 简要介绍“年年有鱼”窗花的背景。“年年有鱼”是“年年有余”的谐音，是传统吉祥的符号，代表生活富足，每年都有多余的财富及食粮。 2. 学习利用模板绘制剪纸图样。 3. 完成图样的绘制。 4. 尝试剪裁，如果时间不够，组员可在活动结束后完成，也可在下次活动时继续完成	红色正方形窗花纸、剪刀、笔
10 分钟	总结	1. 社工总结本次活动，并且邀请组员分享对本次活动的感受。 2. 社工强调下次小组活动的时间、地点以及主题	

第五次活动

活动带领者：社工 2 名。

观察记录员：工作人员 1 名。

目标：

1. 巩固小组上次活动所学内容。

2. 让组员学会做剪纸花灯。

注意事项：

提前告知组员本小组活动还剩 1 节小组内容，让组员对活动进度有所了解，处理好离别情绪。

时间	目标	内容	所需物资
2分钟	确认出席组员	签到，让出席本次活动的小组组员在签到表上签下自己的名字	签到表、笔
8分钟	1. 培养组员间互帮互助精神。 2. 了解活动进度	1. 社工带领小组成员展示“年年有鱼”的剪纸成果，并鼓励完成了剪纸的组员帮助没有完成的组员。 2. 介绍本次活动的主要内容	红色正方形窗花纸、剪刀、笔
40分钟	1. 让成员学会“春”字窗花的剪法。 2. 获得自己动手完成剪纸的成功体验	1. 绘制图样，完成剪裁。 社工带领组员一起绘制“春”字窗花的图样，鼓励组员之间相互帮助。 2. 贴剪纸，做花灯 社工带领组员将剪好的“春”字贴在传统花灯上。 3. 分享学习感受。 （1）您觉得学剪“春”字窗花有什么意义？ （2）现在剪纸与第一次剪纸有什么不一样的感受？	红色正方形窗花纸、剪刀、笔、传统花灯模型
10分钟	树立小组团队意识和自律意识	1. 社工总结本次活动，组织组员分成四个慰问小分队，并选出小分队的队长。 2. 社工强调下次小组活动的时间、地点以及主题，提醒组员下次活动提前20分钟到小组活动室	问卷、笔

第六次活动

活动带领者：社工2名。

观察记录员：工作人员1名。

目标：

1. 巩固小组所学内容。

2. 增进组员与组员之间、组员与社区居民之间的感情。

3. 发放手工总结手册。

注意事项：

1. 带领组员入户送窗花之前，提前跟相应的孤寡、独居老人取得联系，并统计人数，确定入户时间。

2. 本次活动是小组活动的最后一次，处理好小组的离别情绪，并引导组员做好反馈问卷的填写。

时间	目标	内容	所需物资
2 分钟	确认出席组员	签到，让出席本次活动的小组组员在签到表上签下自己的名字	签到表、笔
18 分钟	1. 巩固所学内容。 2. 培养合作意识和友爱之心	1. 社工带领小组成员进行活动回顾。 2. 以小分队为单位，每个小分队发一张彩色卡纸，然后在组长的带领下，挑选组员们这几次剪得较好的作品，粘贴到卡纸上，每组粘贴 5 份	彩色卡纸、胶水
40 分钟	1. 提升组员的成就感。 2. 关爱社区特殊群体	1. 分发每个小分队需要入户慰问的名单。 2. 做好入户慰问前的简单培训，注意入户的文明礼貌。 3. 社工带领组员，按照分好的小分队进行入户慰问，把贴好的剪纸图案送给社区孤寡、独居老人（注意：规定时间内没有送完或遇到入户时没人在家的情况，每组小队长做好记录，在本次活动结束之后再联系社区网格员、楼长一起去送。）	鞋套
20 分钟	总结、巩固成长	1. 总结本小节活动内容，带领组员分享感受。 2. 发放手工小组总结手册和纪念品。 3. 带领组员根据总结手册进行整个小组活动的回顾。 4. 引导组员填写反馈问卷，回收存档	问卷、笔

七、预计会出现的困难及解决方案

预计困难	解决方案
小组成员主要是中老年人，视力不好，剪纸的时候存在困难	社工及老师需要耐心地教他们，尽量教一些简单的剪纸图样，并积极予以鼓励，让他们有兴趣再学下去。 活动前先告知提醒，尽量戴上眼镜以方便学习手工
小组进行过程中，在时间控制上可能没有很强的固定性，不清楚组员的接受能力	根据组员们的接受能力，灵活安排每一个环节的时间

八、经费预算

物资	单价（元）	数量	总价（元）
A4纸	38	1包	38
笔	20	2盒	40
剪刀	5	13把	65
大红纸	3	10张	30
彩色卡纸	1	30张	30
鞋套	10	1袋	10
纪念品	15	12份	180
合计			393

九、评估方法

1. 依据在小组进行时的观察及分析，进行评估。
2. 根据出席率及参与热情度，对组员投入程度进行评估。
3. 通过小组成员们对剪纸窗花和制作方法的掌握程度进行评估。
4. 设计反馈问卷，对组员进行问卷评估。

十、附件（以下内容请扫二维码阅读）

1.《剪纸总结手册》由社工制作。
2. 小组活动反馈问卷。
3. 小组活动签到表

第三节　端午活动策划与组织

一、理论基础和需求分析

农历五月初五是中国民间的传统节日——端午节。端午也称端五、端阳、重午节、蒲节等。中华民族是文明礼仪之邦，慎终追远、弘扬孝道是我国的传统美德，因此端午节也是我国祭祀节日之一。

所谓祭祀节日，多是指以农事祭祀、祭祀神佛、祭奠祖先等为特征的节庆活动。早期的祭祀没有固定的场所，随时随地均可祭献。随着祭祀的规范化，逐步出现了固定的祭祀场所，后来人们为了表示对神灵的敬畏和虔诚，便修建了神庙或祭坛，并在固定的时间开展祭祀性的活动。

端午节也是我国传统文化内容之一，其最早的文字记载见于东汉。五月初五，人们把彩色的丝带系在手臂上，用来防避瘟疫、灾病和鬼魅等。端午节习俗是人们对生命、自然、美好人格和幸福生活的歌颂和期盼，它伴随着人们生活方式、思想方式的转变而变化。从对辟邪驱瘟主题、舍身报国或舍身救父等高尚人格的尊崇开始，逐渐又通过各种活动（如吃粽子、赛龙舟等）上升为人类、自然、社会三者之间既和谐相处又主动调节的生活智慧。党和国家也高度重视文化的传承和发展，党的十八大报告指出：“文化是民族的血脉，是人民的精神家园。全面建成小康社会，实现中华民族伟大复兴，必须推动社会主义文化大发展大繁荣，兴起社会主义文化建设新高潮，提高国家文化软实力，发挥文化引领风尚、教育人民、服务社会、推动发展的作用。”中华文化源远流长，积淀着中华民族最深沉的精神追求，代表着中华民族独特的精神标识，为中华民族生生不息、发展壮大提供了丰厚滋养。我们要认识中华文化的独特创造、价值理念、鲜明特色，增强文化自信和价值自信。

众多的民俗文化节日都承载着中华民族几千年的文化记忆和民族往事，集中展示着我们的民族性格、民族气质、风俗习惯和精神传统，是文化认同、民族认同、国家认同的重要标志。然而，改革开放以来，中国在实现社会主义现代化建设的过程中，社会结构、思想意识等形态发生了新的变化，给民俗文化的生存与发展带来了冲击，民俗文化面临着严峻的挑战。其重要原因之一是现代化倡导全新的生活方式，在一定程度上破坏了民俗文化生存与发展的土壤。而民俗文化是生活性文化，一旦失去其存在与发展的土壤，民俗文化就会慢慢消逝。尤其是现在有很多的年轻一代很少了解我们的传统文化、传统节日，更不了解传统节日背后的民俗文化内涵，因而对民俗文化缺乏认同。

那么，在当今全球化的时代、世界文化大融汇的今天，守住自己的身份，增强民族的凝聚力，传承民族文化精神显得尤为重要。根据《全国年节及纪念日放假办法》的相关规定，端午节等传统节日被确定为法定节日，其目的就是要我们牢记传统文化。围绕端午节的习俗，通过开展多种传统节俗活动，将文化传承融入民俗节日中，让人们在端午这个特定的节日中回归传统，在与祖先的对话中牢记传统文化，切身接触民俗文化，增强我们的民族意识与文化使命感，让优良的民族文化传统在现代生活中得以延续更新。

二、社区端午活动介绍

端午节是我国的传统节日，其活动形式丰富多彩，有着深层含义。关于端午节的起源和习俗，我国民间有许多说法，包括消灾免疫、趋吉避凶说，打扫卫生、防疫保健说，对阵竞技、调理阴阳说，还有龙的节日说等。接下来，本书将重点从端午节的民俗习惯和民俗活动出发，介绍节日期间常见的参观祭奠类、竞技比赛类、公益健康类的活动形式。

（一）参观祭奠类活动

端午节，最为大家熟知和流行的是纪念说。此说最早见于南朝梁代吴均的《续齐谐记》与宗懔的《荆楚岁时记》的屈原纪念说，认为端午节是楚人纪念爱国忠君的屈原的日子，这是到目前为止在全国范围内流传最为广泛的一种说法。另外全国各地也还有纪念孝女曹娥、伏波将军马援、东汉苍梧太守陈临等历史人物的诸多说法。因此，我们可以以这些民间传说为依据，组织开展外出参观和祭奠祭拜的社区活动。

1. 外出参观活动

社区可以在端午节期间，组织社区的居民参观屈原雕像、屈原故居以及观赏屈原的文物和作品等，或者是外出采风活动，用拍照的形式记录下关于端午节的画面，回来之后把摄影作品进行集中展示。社区居民通过实地观看、拍照留影等形式，亲身感受民俗文化的传统内涵，表达对古人的崇敬与爱戴。

2. 祭祀祭奠活动

社区可以组织大家修建公共祭祀的场所，开展社区集体公祭活动；同时也可以正确引导和鼓励大家创新祭祀方式，如通过鲜花祭祀、植树祭祀、诵读祭文等形式寄托哀思、传承美德。另外，还可以开展一些祭祀文明礼仪的培训、“祭祀知识知多少”的小组活动等，让大家对端午节等祭祀活动有更清晰的认识，对民族传统文化有更深刻的认同。

（二）竞技比赛类活动

竞技比赛，通常是由多个人参加，或者以团队形式参加，在一定的规则下，让参赛者在智力、体能、技能等方面进行分别的或者综合的较量，最终依照规则评定出胜负或者排名。社区中的竞技比赛类活动不仅能够增长知识、展示才能、凝聚人心、活跃氛围，而且各类表演竞技还具有观赏性的作用。

1. 动态型活动

动态型的竞技比赛活动，就运动本身而言它需要的是技能、谋略和运气，是一种依靠体能进行有竞争性的娱乐活动。纪念屈原是端午节最鲜明的主题之一，所以各地人民也开展不同的竞技比赛活动来纪念屈原。社区可以开展龙舟制作大赛、划龙舟比赛、包粽子比赛、比武、击球等大型社区活动，体现出人们奋发向上的爱国主义和集体主义精神。

2. 静态型活动

静态型的竞技比赛活动，是相较于动态型活动的，更多的是考验人们的智力、知识和文化素养等。从抗日战争时期开始，中国的进步知识分子便采取诗会的形式纪念屈原，将诗会与赛龙舟活动相呼应，更能够体现中国古典的传统文化。因此，社区可以结合传统文化，开展香囊制作小组、五毒饼制作比赛、雄黄酒品鉴比赛课堂、艾叶菖蒲辨识比赛活动、屈原诗词吟诵竞赛等活动，传承端午节风俗，增强民族自豪感和荣誉感。

（三）公益健康类活动

端午节作为中国的传统节日，其来历最被认可的是纪念屈原说。其实，端午节最早是中国人民祛病防疫的节日。民俗学家乌丙安教授说，这个季节，正是阴气下降、阳气猛然上升时，也是人易生病之时，古人便采集艾叶等草药，希望祛除所有的灾疫邪祟，渐渐地就有了悬挂菖蒲、用艾草水洗澡、喝酒除湿、佩戴香囊辟邪等传统习俗，借此激浊除腐、杀菌防病，表达了人们对身体健康的关注和对平安生活的追求。因此，结合这一节日内涵和传统习俗，社区可以开展一些公益、健康类型的活动，帮助人们树立健康意识，增强体质。

1. 讲座活动

讲座，根据不同的人群和参与人数可分为室内的小型讲堂和室外的大型宣讲会。端午节的讲座活动可以是邀请社区外的医生、健康专家等，到社区内给大家讲解端午节期间的健康知识；也可以邀请社区内有相关知识和经验的人员，给大家做健康保健类的分享沙龙，介绍日常生活中的健康小技巧，从而提高人们对自我健康的关注。

2. 义诊活动

义诊是一部分医院、医生或专家，利用业余时间专门到社区内，为社区居民提供免费的常规检查，然后提出诊疗建议的活动。社区可以与附近的医院、卫生院等建立长期合作关系，在端午节期间邀请他们到社区开展义诊活动，如中老年血压血糖测量、肺部听诊、讲解针灸推拿按摩及其手法、养生保健治疗、穴位按压、急救教学等，加强社区与周边各单位的团结协作和共驻共建，促进社区和谐。

3. 宣传活动

宣传就是信息的传递，宣传活动在人类文明发展史中源远流长，主要是通过开展一些有意义的活动，借助网络、报纸、媒体等，向人们传播一定的观念（理论、方针、政策、伦理道德和态度立场等），以积极向上的方式影响人们的思想、引导人们的行为。社区在端午节期间可以开展海报手抄报制作活动、感恩教育活动、勤俭节约宣传活动、端午习俗微视频录制活动、社区广播宣传活动等，采取各种宣传途径，全方位影响人们的思想和情感。

三、社区端午活动策划与组织示例

上文介绍了社区端午节活动的民俗传统和服务活动形式，接下来，我们以“粽叶飘香迎端午”的社区活动为例，通过该活动的策划与组织方案，向大家进一步呈现社区端午节活动策划与组织的步骤和要点。

“粽叶飘香迎端午”社区活动方案

一、活动背景

群龙飞渡，百舸争流，万粽飘香，我们迎来了中华民族的传统节日——端午节。为了更好地发挥、传承和创新端午节的文化内涵，使之与现代社会生活相融合，让社区居民传承传统节日习俗，以贴近现实和现代的方式来过好端午节，现特在社区内开展一系列既具有传统文化内涵又体现时代特色的富有创意的端午节包粽子比赛活动，以吸引社区居民积极参与，寓教于乐，增进大家对端午节传统文化的了解，深刻体验传统节日中蕴涵的历史意义，进而引导社区居民进一步了解传统节日、认同传统节日、喜爱传统节日、过好传统节日，促进人与自然和谐相处，增强社区的凝聚力。

二、活动主题

粽叶飘香迎端午·幸福和谐邻里情

三、活动目的

总体目标：传承民族传统文化，促进邻里和谐互助。

具体目的：

1. 让社区居民了解端午节的由来，感受中国传统节日的氛围。

2. 关爱社区孤寡老人，关心低保户等困难家庭，体现社区和谐氛围。

3. 提升社区居民对社区的认同感、归属感。

四、活动时间

××××年××月××日 9：00—11：00（一般是端午节当天）

五、活动地点

社区文化广场

六、活动内容

（一）筹备期 ××××年××月××日—××××年××月××日（活动前半个月左右）

1. 撰写活动方案。

2. 召集居民小组长、网格员等相关人员召开端午节包粽子比赛活动筹备会议。

3. 进行活动宣传，居民参赛报名，并确定参赛人员。

4. 邀请孤寡老人，邀请低保户等困难家庭参加活动。

（二）执行期　××××年××月××日（活动当天）

7：30—9：00　活动现场的布置

9：00—9：30　人员到场

9：30—9：35　主持人宣布活动开始，对本次活动背景、意义、内容做简要介绍，并介绍到场领导、居民等。

9：35—9：40　主持人介绍参赛人员，讲解活动环节及比赛规则，宣布本次端午节活动正式开始。

（三）活动环节简介

1. 包粽子（9：40—10：10）。

一是居民随意包粽子：根据报名情况准备相应物料，设置志愿包粽子区域，并将包好的粽子拿到指定的居民家中煮熟，为后面的比赛环节做准备。

二是包粽子比赛：

比赛规则：比赛以每栋楼为单位，各出 4 人组成小队代表楼栋参加比赛。规定各小组在 25 分钟内完成 60 个粽子，每个粽子不松散、无漏米才算合格，最终以包粽子的数量、外观形状、美观程度作为评定标准，由总裁判给出评分（奖品 1～5 份由各社区统一采购，标准为 10 元/份）。包粽子期间进行小游戏互动：活动现场准备“知识问答”互动，在包粽子的同时将进行端午节知识抢答活动，由主持人出题，现场人员抢答，答对者有相应奖励（纪念品 10～15 份由社区统一采购，标准为 5 元/份）。

2. 吃粽子比赛（10：20—10：40）。

根据活动规则，以最先吃完一个为第一名。参赛者以个人为单位（提前报名参赛并筛选），蒙好双眼，待主持人宣布“开始”后，各参赛选手在原地转五圈，然后向前找到盘子中摆好的粽子，以最快的速度解开包装吃完。当完全咽下后举手示意，由工作人员检查无误后示意主持人宣布比赛结束。第一位完成的选手将获得奖品，其他参与者获得纪念品（奖品 1～5 份，纪念品若干份，标准为 10 元/份和 5 元/份）。注意：此活动环节要提前做好参赛者个人健康调查和活动现场的安保工作，务必确保参赛人员的安全。

3. 颁奖及总结（10：40—11：00）。

根据活动比赛结果，进行颁奖仪式，主持人引导大家总结和分享本次活动感受（分享者可获得纪念品，标准为 5 元/份）。活动结束后，请相关负责人做好活动现场的清洁卫生等工作。

4. 送粽子（11：00 以后）。

工作人员将粽子逐一送入孤寡老人家中、低保户等困难家庭家中。

七、人员分工

1. 活动横幅、海报，题字：“粽叶飘香迎端午·幸福和谐邻里情”（由×××负责，活动前一天安装到位）。

2. 通过发短信、电话、温馨提示等方式通知社区居民报名及参加活动等（由×××负责，活动前半个月前完成通知，活动前一周确定报名人数）。

3. 领导、媒体邀请及网络推广（由×××负责，活动前一周完成，并于活动当天做好接待工作）。

4. 根据报名人数落实所需的材料与道具，如粽子的相关原料、餐具等采购（由×××负责，活动前半个月筹备，活动前三天落实）。

5. 让会包粽子的人当师傅现场教学（由×××负责，活动前半个月筹备，活动前三天确定）。

6. 活动现场拍照（由×××负责）。

7. 活动现场安保、秩序及卫生工作（由×××负责）。

八、活动物资清单

物品名称	数量	单价（元）	总价（元）	责任人	备注
海报	2 张	50	100	×××	
横幅	1 副	100	100	×××	
桌子	4 张	—	0	×××	利用社区现有资源，根据报名人员确定具体数量
凳子	若干	—	0	×××	
盆、碗、桶、剪刀等		—	0	×××	
一次性餐具	若干		50	×××	
糯米	200 斤	5	1000	×××	
粽叶	2000 张		100	×××	预计 200 户参与，每户 5 张
棉线	2 卷		50	×××	
蜜枣	20 包	40	800	×××	
成品粽子	20 个	5	100	×××	

续表

物品名称	数量	单价（元）	总价（元）	责任人	备注
奖品	10 份	10	100	×××	
纪念品	30 份	5	150	×××	香囊、中国结等
志愿者补贴	20 人	20	400	×××	可买小礼品
媒体等宣传费用			1000	×××	
合计			3950		

九、预计困难和解决措施

1. 本月正值雨季，如遇下雨，活动时长需作调整。

解决措施：在活动现场搭建雨棚，或者改为室内活动。

2. 参赛人员较多，现场情况多变，恐有意外。

解决措施：安排 1~2 名工作人员实时观察活动现场，如有意外进行紧急处理，以保证活动顺利进行。

十、附件（以下内容请扫二维码阅读）

1. 端午知识竞答题。
2. 宣传内容（广播、通知、短信、海报、横幅）。
3. 主持词。
4. 活动报名表。
5. 参赛者成绩统计表。
6. 活动现场布置图。

第四节　中秋活动策划与组织

一、理论基础和需求分析

每年农历八月十五为中秋节，因位居秋天的三月之中而得名，又叫作“月夕”“八月节”。中秋节习俗十分重视亲情的培养与表达，出门在外、身处异乡的亲人，通常在这一天都会回家团聚，孝敬长辈。因此，中秋节又被称为“团圆节”。人月两圆的意境对中国人来说是生活中的理想，“但愿人长久，千里共婵娟”寄托了人们的美好愿望。这种团圆意识是民族凝聚力的一种表现，在提升中国文化软实力方面的作用也不容忽视，探寻并领会我国传统文化的内在深意是我们作为中国人义不容辞的责任。

在绚烂多彩的传统节日中，中秋节也是一个独具魅力、吸引力和影响力的节日。中秋节的传统习俗很多，全国各地形式不一，除了赏月、祭月、吃月饼，还有香港的舞火龙、安徽的堆宝塔、广州的树中秋、晋江的烧塔仔、苏州石湖看串月、傣族的拜月、苗族的跳月、侗族的偷月亮菜、高山族的托球舞等，都带有浓厚的地方特色，各民族的习俗成为中国传统文化中的一个重要组成部分。

社群理论认为，人类是喜欢社交又喜欢群居的，人的行为和活动常受到同一阶层、同年龄段、同工作单位、同生活环境或邻里环境的影响。而今，随着社会经济的发展，人类的思想在进步，人口数量在增多，生活压力在加大……凡此种种，人们的生活节奏也加快起来了，“快餐文化”越来越多地渗透进了人们的日常生活。人们没时间做饭、没时间购物、没时间停下脚步跟朋友打个招呼、没时间看看身边的风景……不可否认，生活节奏的加快，确实提高了人们的工作效率和生活效率，但也在这繁忙的节奏中忽略了人与人之间的交往。中秋节，其实也是一个能够让人们暂时放慢生活节奏、与朋友联络感情的绝佳时机。

中华文化，历史悠久，民风民俗，丰富多彩。中秋节的起源与农事和季节息息相关，因此，人们在这一天会举办各种活动来庆祝，并以天上月圆寄寓吉祥佳节。中秋节不仅是一个充分体现中国传统文化、强调珍惜人间团圆的好时节，更是一个通过不同的节俗活动，酝酿充满欢乐与诗趣的好时节。同时，以月圆寓意吉祥，寄予人们对美满团圆的祈望，还以举办各类能够代表中秋文化内在意义的活动形式，有鉴别地加以对待，有扬弃地加以继承，传承和升华中华民族的优秀传统文化，发展中国特色社会主义文化，培养人们对中国文化的认同感和归属感。

二、社区中秋活动介绍

中秋本是一种情感纽带，不能被粗鄙化和物化。没有记忆、没有情感、没有景仰，也就昭示着节日根基的消失，意味着文化传承与发扬的中断。中秋节是我们民族风俗传统文化的载体，是民族风俗的凝聚点。在中秋节期间，我们举行各种庆祝活动，以游戏、娱乐、奖励等形式，来表达对节日的庆祝、对团圆的盼望和思乡思亲的浓厚真情。同时，也促使人们在中秋特有的节日氛围中感知民族的文化传统、价值观念、伦理道德、礼仪习俗和行为方式。

（一）游戏体验类活动

游戏体验类活动参与性较强，通过直接参与运动或思考，达到放松身心、娱乐消遣和发展个性的目的。社区开展这种类型的活动，能够在节日的余暇里，满足现代人对生活质量的追求、对身体健康水平的改善、对新型生活方式的期盼、对精神享乐和自我超越的关注，还能够挖掘文化资源，拓宽活动领域，愉悦人们身心，促进身体健康。

1. 室内休闲游戏

室内休闲游戏受到活动空间的限制，多为一些健康、积极向上的益智类游戏和培养道德情操的文化类活动。社区可以开展中秋棋艺大赛、七巧板制作活动、咏月诗词会、家书撰写与诵读等活动，在游戏中促进大脑运动、活跃思维、激发想象力、培养兴趣。

2. 户外活动游戏

户外活动是竞技中最常见、最普遍、最趣味的娱乐活动，无论大人还是小孩，都可以从这类游戏中体验到放松和快乐的感觉。社区可以开展游园活动、放风筝比赛、中秋礼仪展示秀、玩花灯游戏、舞火龙表演等活动，充分利用游戏的健身价值，强健体魄，增强身体的灵活性。

（二）社交娱乐类活动

社交活动，就是社会交往活动，人的本质属性是社会性，也就是说人离不开与他人的交往互动。人们通过运用一定的工具和符号，传递信息、交流思想，以维持彼此之间良好的社会关系。社区趁着中秋节的喜庆氛围，根据参与者的不同年龄阶段及特征，开展适宜于他们的社会交往娱乐活动，有利于丰富人们的文化生活，改善人际关系，促进社会和谐。

1. 儿童青少年的社交娱乐活动

儿童青少年具有创造性思维和较强的模仿学习能力，社区可以利用中秋节假日的时间，以他们为主要服务对象，开展中秋传说故事表演秀、历史人物角色扮演、猜灯谜找朋友、观形态辨亲人等娱乐类、亲子交往类活动，开展各类兴趣小组活动等，让儿童在活动中达成自身的职责与言行、身份、扮演角色等的协调一致，不断克服以自我为中心的心理，学会宽容、合作、关心和沟通，培养儿童青少年的自我意识，树立正确的交友观念。

2. 老年群体的社交娱乐活动

老年阶段的群体往往会独居，在中秋节众家团聚的日子更容易让他们感受到孤寂。因此，社区可以开展互动观影、做月饼、你来我往串门活动、相亲俱乐部、家书撰写与传送等活动，增加老年社会交往的机会，让社区的老年群体，尤其是独居人群感受到节日的喜庆、亲人的惦念、邻里的关怀和社区的关爱。

（三）表彰奖励类活动

表彰奖励通常是为了弘扬正气、树立楷模、表扬先进、激励后进而开展的一些活动。社区在中秋节等节庆活动之际，开展各种精神奖励与物质奖励相结合、以精神奖励为主的活动，有利于弘扬中国传统文化和社会主义核心价值观，激发社区居民的积极性和创造性，增进其民族认同感和文化认同感。

1. 家庭和睦的表彰活动

中秋节团圆的意义还在于情感的传递和表达，让家庭成员在节日的氛围中感受到家的温暖。社区以家庭为表彰单位，可开展恩爱夫妻、和谐婆媳、友善姑嫂、幸福亲子等表彰活动或主题月活动，树立家庭模范先锋，弘扬孝道文化，让家庭成员对自身角色和家庭责任有一个清晰的认识和明确的定位。

2. 邻里互助的表彰活动

社区是一个大家庭，生活在社区中的每一个人都应该像家人一样关心彼此。中秋节期间，可以对社区里的热心居民采取自荐、他人举荐、相互推荐等形式，开展乐于助人、为人友善的集中表彰大会活动，评选睦邻友善流动红旗，编写或传唱好人好事歌等，传递社区正能量，发扬邻里互助的良好风尚。

三、社区中秋活动策划与组织示例

上文介绍了社区中秋节活动的类型和形式，接下来，我们以“欢乐庆中秋·技艺大比拼”中秋节活动为例，通过该活动的策划与组织方案，向大家进一步呈现活动策划与组织的步骤和要点。

“欢乐庆中秋·技艺大比拼”社区活动方案

一、活动背景

××社区社工站自成立以来便广泛在社区发掘和招募志愿者，也受到社区居民的积极支持，逐渐组建了老中青、党员等志愿者队伍。为迎接中秋节的到来和增强社区居民团结互助意识，锻炼志愿者的服务能力，促进社区居民之间的相互沟通，社区特举办“欢乐庆中秋·技艺大比拼”志愿者大联欢活动，提升社区居民的志愿服务意识，并借此传承中华民族的传统习俗和文化，引导和激励广大居民群众进一步增强民族自尊心、自信心、自豪感，弘扬爱国美德，提高文明素质，倡导社会主义核心价值观。

二、活动主题

欢乐庆中秋·技艺大比拼

三、活动目的

总体目标：丰富社区居民的文化娱乐生活，营造欢乐、喜庆、文明、和谐的节日氛围，形成社区邻里互助、团结向上、健康文明的良好风尚。

具体目的：

1. 丰富社区文化，展示居民风貌；

2. 把群众聚起来，让群众积极投身到睦邻活动中来；

3. 促进社区居民的城市生活融入；

4. 传承中华传统民间习俗，弘扬爱国美德；

5. 针对不同志愿者的情况培养他们志愿服务的意识和能力。

四、活动时间

××××年××月××日 9：00—11：00（一般是中秋节当天）

五、活动地点

社区文化广场

六、活动内容

（一）筹备期　××××年××月××日—××××年××月××日（活动前半个月左右）

1. 撰写活动方案；

2. 召集居民小组长、网格员等相关人员召开中秋节做月饼比赛活动筹备会议；

3. 进行活动宣传，邀请居民参与报名及准时参加活动，并确定参赛志愿者人员；

4. 选取志愿者人员，并对志愿者提前进行任务布置；

5. 确定活动场地，以及事前联系好活动所需的硬件设施：如搭电线源、音响、餐具、桌子、凳子等。

（二）执行期　××××年××月××日（活动当天）

7：30—8：50　布置活动现场；志愿者签到；演出人员做好梳妆准备等。

8：50—9：00　人员到场，安排就座。

9：00—9：10　主持人宣布活动开始，对本次活动背景、意义、内容做简要介绍，并介绍到场领导、居民等。

9：10—9：15　主持人介绍参赛人员，讲解本次活动环节及各环节的比赛规则，宣布比赛正式开始。

1. 才艺大比拼——表演舞蹈。

9：15—9：25　3个儿童志愿者表演舞蹈《大梦想家》。

9：25—9：35　6个儿童志愿者表演舞蹈《一年级》。

本节比赛规则：由儿童志愿者队长提前组织参与的小志愿者进行节目的选取和排练；活动过程中，等到两个表演结束后，现场的社区居民可以到指定的工作人员那里领取一朵小红花（小红花共有50朵，1元/朵），把小红花投给自己喜欢的节目表演者手上，获得小红花最多的节目即可胜出，并获得相应奖品及奖状（奖品为10元/份，奖状1元/张）。获得小红花较少的节目即可得到参与奖，并获得相应纪念品（纪念品为5元/份）。

2. 厨艺大比拼——做月饼。

9：35—10：15　中老年志愿者、党员志愿者做月饼。

10：15—10：30　所有参与者“团团圆圆吃月饼”。

本节比赛规则：本节共分为中老年志愿者和党员志愿者两个大组，每组约10人（参赛者需提前报名、筛选），最后看哪个组最先完成50个月饼，每个月饼不松散、无漏馅才算合格，最终以作出的月饼数量、外观形状、美观程度作为评定标准，由总裁判给出评分，得分高者胜出，并获得相应奖品（奖品10份，15元/份），另一组成员则可获得参与活动的纪念品（纪念品10份，10元/份）。活动比赛过程中，由其他没有参加比赛的居民志愿者给观看比赛的居民逐一发放月饼券

（由社工统一打印，200 张），并注意维持活动现场的秩序。

活动主持人须强调：每人限领一张，在活动结束后凭券领取月饼，儿童、老人、残疾人优先领取，数量有限，领完为止。为避免发生矛盾，对于没有领到月饼券的居民可积极参与后面的猜灯谜环节，猜对者也有小礼品相送。

“做月饼”比赛环节结束后，由社区工作人员、志愿者将月饼切成小块，摆放在餐盘中，与现场所有居民一起品尝月饼。

3. 文艺大比拼——猜灯谜。

10：30—16：00　志愿者、居民共同参加中秋猜灯谜游戏。

本节游戏规则：猜灯谜游戏分为两个环节：第一个环节是“接宝”，即参与者两人一组，两人以规定的距离分开，一个人手持篮子去接住队友扔出的乒乓球，3 个乒乓球接住 1 个即进入下一个环节，若 3 个乒乓球一个没接住则游戏失败，再想参加需重新排队。第二个环节是“猜灯谜”，即完成第一个环节的参与者随机抽取一个编号，然后主持人说出对应编号的灯谜谜面，他们需要猜出谜底，猜对获得一张奖券，猜错则游戏失败。（奖品预计 100 份，3 元/份）

注意：（1）两个环节必须在 1 分钟内完成，超出时间游戏失败。

（2）奖券需在活动结束后到社工站兑换奖品，一张奖券兑换一份奖品。

16：00 以后活动结束，收拾场地，发放奖品。

七、人员分工

1. 活动横幅、海报，题字：“欢乐庆中秋 · 技艺大比拼”（由×××负责，活动前一天安装到位）。

2. 通过发短信、电话、温馨提示等方式通知社区居民报名及参加活动等（由×××负责，活动前半个月前完成通知，活动举办前一周确定报名人数）。

3. 领导、媒体邀请及网络推广（由×××负责，活动前一周完成，并于活动当天做好接待工作）。

4. 根据报名人数落实所需的材料与道具，如做月饼的相关原料、餐具等采购（由×××负责，活动前半个月筹备，活动前三天落实）。

5. 请会做月饼的人当师傅现场教学（由×××负责，活动前半个月筹备，活动前三天确定）。

6. 活动现场拍照（由×××负责）。

7. 活动现场安保、秩序及卫生工作（由×××负责）。

八、活动物资清单

序号	支出类别	明细	单价（元）	数量	总额（元）	负责人	备注
1	物资	横幅	100	1	100	×××	
		海报	50	2	100	×××	
		桌子	—	4 张	0	×××	利用社区现有资源，根据报名人员确定具体数量
		凳子	—	若干	0	×××	
		盆、碗、桶、锅等	—			×××	
		月饼券	—	200 张	0	×××	打印制作
		灯谜奖券	—	100 张	0	×××	
		一次性餐具		若干	30	×××	
		月饼馅	6	50 斤	300	×××	
	物资	月饼粉	5	100 斤	500	×××	
		餐巾纸	20	1 提	20	×××	
		成品月饼	3	200 个	600	×××	
		小红花	1	50 个	50	×××	
		奖状	1	10 张	10	×××	
		儿童奖品	10	6 份	60	×××	
		儿童纪念品	5	6 份	30	×××	
		包月饼奖品	15	10 份	150	×××	
		包月饼纪念品	10	10 份	100	×××	
		猜灯谜奖品	3	100 份	300	×××	
2	人力	志愿者	20	20 人	400	×××	可买小礼品
3	宣传	媒体费			1000	×××	
5	合计（元）	3750					

九、预计困难和解决措施

1. 天气下雨，室外开展活动有困难。

解决措施：在活动现场搭建雨棚，或者改为室内活动。需提前准备好雨棚或协商好室内场地。

2. 厨具准备困难。

解决措施：提前安排 4～5 名志愿者准备活动所需厨具。

3. 活动现场秩序混乱。

解决措施：各个区域设置好警戒线，并安排专人负责现场安全秩序的维护，如遇紧急情况需及时汇报和处理。

十、附件（以下内容请扫二维码阅读）

1. 中秋节灯谜题目。

2. 宣传内容（广播、通知、短信、海报、横幅）。

3. 主持词。

4. 活动报名表。

5. 参赛者成绩统计表。

6. 活动现场布置图。

第五节　国庆活动策划与组织

一、理论基础和需求分析

国庆节多指“国家喜庆”，或“举国庆贺”，即每个国家的重要节日，是国家制定的用来纪念国家本身的法定节日，更是一个国家在“国”之层面上最大的盛典。在这一天，国人会为自己拥有国民身份感到自豪。在我国，国庆一词，最早见于西晋。我国古代把皇帝即位、诞辰称为“国庆”，“国庆”之日，皇帝会大赦天下、赏赐百官、普天同庆、朝野同欢。1949 年 10 月 1 日新中国宣告成立，开辟了中国历史的新纪元。从此，中国结束了一百多年来被侵略被奴役的屈辱历史，真正成为独立自主的国家，中国人民从此站起来了，成为国家的主人。1949 年 12 月 3 日，中央人民政府委员会第四次会议接受全国政协的建议，通过了《关于中华人民共和国国庆日的决议》，决定每年 10 月 1 日为中华人民共和国国庆日。“中华人民共和国国庆节”特指中华人民共和国成立的纪念日 10 月 1 日，又称“十一”“国庆节”“国庆日”“中国国庆节”。

国庆庆典活动有利于引导人们传承中华文化精神，树立正确的文化观。文化是一个国家的命脉，是一个国家独特的精神标识。新中国发展历程深刻体现了中华文化精神，如讲仁爱、重民本、守诚信、崇正义、尚和合、求大同等思想理念，自强不息、敬业乐群、扶正扬善、扶危济困、见义勇为、孝老爱亲等传统美德。国庆庆典活动通过旗帜、标语、音乐、歌曲、图片、舞蹈等形式，将抽象的中华文化精神具象化，有利于增强人们的文化自信，引导人们树立正确的文化观，激发全民族文化创新创造活力，不断夯实中国特色社会主义的文化基础。因此，国庆节承载了反映华夏民族的凝聚力、向心力，显示出民族的力量、国家的自强、国民的信心，成为了增强国人爱国意识、增强国家的凝聚力的重要活动。

二、社区国庆活动介绍

国庆庆典活动是一种带有仪式感的集体活动，对于加强爱国主义、集体主义、社会主义教育，引导人们树立正确历史观、国家观、民族观、文化观具有独特的价值和意义。国庆节除国家庆典以外，社区也可以开展形式多样的庆祝活动。

（一）爱国主题教育活动

为大力弘扬爱国主义精神，加强社区的爱国主义教育，培养社区居民爱国情操，增强文化自信，厚植家国情怀。国庆期间，一是组织辖区内的儿童、青少年通过绘画等形式手绘爱国情，呈现自己的爱国心、报国志。二是通过 PPT、视频、知识问答等形式让辖区居民了解我国国旗国徽的构造、国庆节的由来，了解为建立新中国而浴血奋战的革命先烈们的英雄事迹，居安思危，珍惜来之不易的幸福生活。三是通过举办讲红色故事、参观革命纪念馆等活动，邀请社区儿童青少年、党员追忆红色经典，传承爱国情怀。

（二）爱国主题宣讲活动

为深入贯彻落实习近平新时代中国特色社会主义思想，培育和践行社会主义核心价值观，大力弘扬以爱国主义为核心的民族精神。社区党委、居委会组织开展爱国主题宣讲活动：一是邀请辖区内的抗战老兵、优秀党员讲述爱国主义情怀及故事，培养爱国情操，增强社区居民追求理想的决心和毅力，坚定爱国主义信念；二是邀请时代楷模、最美人物等深入基层开展巡回宣讲。

（三）红色电影观影活动

红色爱国主义电影是我国电影题材中的重要组成部分，很多经典主旋律电影既好看又有教育意义，电影中塑造鲜明生动的人物形象，树立了英雄的光辉形象，让社区居民在观影过程中获得精神成长，树立榜样意识。观影活动分为影院观影和社区观影：一是社区可联动辖区电影院以公益观影的形式开展观影活动；二是社区在会议室、社区公共空间、社区院坝等场所播放红色电影，开展观影活动。

（四）国庆全民联欢活动

2019年9月新中国成立70周年前夕，中宣部印发《倡导国庆新民俗、打造爱国活动周实践探索方案》，旨在使广大市民在参与群众民俗活动过程中感受伟大祖国的光辉历程、卓越成就和宝贵经验，激发爱国之情、强化爱国之志，共享祖国荣光、感受美好生活，不断增强人民群众获得感、幸福感、安全感，推动国庆黄金周发展成为群众积极参与的爱国活动周，形成国庆新民俗。我们在基层社区要积极打造形式多样的爱国联欢活动，丰富居民群众的精神文化生活，增进居民群众爱党、爱国、爱社区的情感，传播主旋律，凝聚爱国力量。

1.“国庆吃面、国泰民安”主题活动

面条起源于中国，是有着深厚历史文化积淀的传统美食，汉朝时期生日吃长寿面的习俗渐渐地演变为生日、节日吃长寿面。国庆节吃长寿面，寓意“长寿、安康、幸福”，表达人们祈盼国泰民安的美好愿望。社区可以邀请清洁工人、独居老人及失独家庭等到社区活动中心共同吃国庆面，进一步凝聚人心，吃出节日喜庆，吃出新时代、新生活的幸福感。

2. 国庆文艺汇演活动

为在社区内营造弘扬爱党爱国精神，营造欢乐、喜庆、祥和的节日气氛，社区党委、居委会、社区新时代文明实践站联合市、区级老年大学、歌剧团等社会单位为辖区居民带来国庆节大型文艺汇演活动。

3.“庆国庆、挂国旗”主题活动

中华人民共和国国旗是中华人民共和国的象征和标志。每个公民和组织，都应当尊重和爱护国旗。在国庆来临前夕，居民和沿街商铺挂国旗的意愿十分强烈。因此，社区对辖区居民和沿街商户开展国旗悬挂规范事宜的宣传，并组织有意愿参与挂国旗活动的居民统一悬挂，以此表达广大居民和商户对祖国的无限热爱与

真诚祝福，弘扬中华民族优秀的爱国传统。

三、社区国庆节活动策划与组织示例

上文介绍了社区国庆节的民俗传统和服务活动形式，接下来，我们以“重温红色足迹，传承革命精神”爱国主题教育活动为例，通过以下这份社区活动策划方案，向大家进一步呈现社区国庆节活动策划组织的步骤、要点。

“重温红色足迹，传承革命精神”爱国主题教育活动

一、活动背景

中华民族是富有爱国主义光荣传统的伟大民族。爱国主义是带动和鼓舞中国人民团结奋斗的一面旗帜，是推动我国社会历史前进的巨大力量，是各族人民共同的精神支柱。在新的历史条件下，继承和发扬爱国主义传统，对于振奋民族精神，凝聚全民族力量，团结全国各族人民，自力更生，艰苦创业，为中华民族的振兴而奋斗，具有十分重要的现实意义。“红岩魂”是以江姐为代表的优秀重庆地下党组织所表现出的大无畏的坚贞不屈的革命精神。时光逝去，血淋淋的历史只能用一张张图片来警示。历史是不应忘记的，让党员熟悉并记住历史也是必要的。要通过活动让大家切实感受红岩精神，懂得珍惜来之不易的幸福生活；要让今天的我们懂得在逆境中不退缩，懂得为什么要有信仰，懂得什么叫为了祖国而奋斗。

二、活动主题

“重温红色足迹，传承革命精神”

三、活动目的

通过重温红色记忆，再次让社区党员感受心灵的洗礼，灵魂的震撼，让他们时刻牢记历史，缅怀英烈，在日常的工作中充分发挥先锋模范作用，从身边做起，对照英雄模范，补短板，找差距，奉献社会，为实现中华民族伟大复兴的中国梦凝聚力量。

1. 铭记历史，珍爱和平。回忆峥嵘岁月，感慨今日时光的不易。

2. 热爱祖国，感受祖国的日益强盛。

3. 怀念为祖国奉献青春，革命光荣的日子。

四、活动时间

××××年××月××日 9：00—11：00（一般是国庆节前后一周）

五、活动地点

重庆市沙坪坝区红岩魂陈列馆

六、活动内容

（一）筹备期　××××年××月××日—××××年××月××日（活动前半个月左右）

1. 撰写活动方案，联系旅游公司，细化活动方案。

2. 招募方法为线上宣传和线下宣传两种。

线上宣传：

（1）通过现有的微信支部群、QQ群等媒体渠道发布活动通知。

（2）通过电话等方式邀请辖区的党员参与。

线下宣传：

（1）通过张贴海报在社区各种宣传栏内，宣传我们此次活动的内容和活动时间。

（2）通过入户走访，向党员宣传活动。

3. 确定活动参与人员名单

4. 制作横幅、采购活动物资、购买人员保险

（二）执行期　××××年××月××日（活动当天）

8：30—9：00　在社区门口等待参与人员，并签到登车。

9：10—9：40　前往参观地点

9：50—10：10　对本次活动背景、意义、内容做简要介绍，合影并入馆。

10：20—11：00　讲解员带领参观集中营旧址、烈士群雕、烈士诗文碑林、大型浮雕、烈士墓、陈列总馆。

11：20—12：00　讲解员带领参观白公馆与渣滓洞，让党员重温50多年前历史的地方，感受红岩精神。

12：20—13：30　午餐，提供党员相互交流的机会。

13：50　返程

七、人员分工

1. 活动横幅、海报，题字："重温红色足迹 传承革命精神"——×××社区国庆专题活动（由×××负责收取与携带）。

2. 通过发短信、电话、温馨提示等方式通知社区居民报名及参加活动等（由×××负责，活动前半个月前完成通知，活动前3天确定报名人数和名单）。

3. 媒体邀请及网络推广（由×××负责，活动前一周完成，并于活动当天做好接待工作）。

4. 落实旅游公司大巴车出发时间，提前到参观点准备，对接午餐饭馆（由×××、×××负责，活动前半个月筹备，活动前七天落实）。

5. 在网上购买意外保险（由×××负责，活动前一天确定）。

6. 活动现场拍照（由×××负责）。

7. 午餐就餐相关工作（由×××负责）。

八、活动物资清单

序号	支出类别	明细	单价（元）	数量	总额（元）	负责人	备注
1	物资	横幅	80	1条	80	×××	
		矿泉水	2	60瓶	120	×××	
2	人力	讲解费	200	2人	400	×××	
		志愿者	30	6人	180	×××	
3	宣传	媒体费	200	1	200	×××	
4	其他	车费	20	60人	1200	×××	
		餐费	50	60人	3000	×××	
		保险费	10	60人	600	×××	
5	合计（元）	5780					

九、预计困难和解决措施

1. 路途中的安全问题

解决措施：为活动参与人员购买人身保险，提醒参与者紧跟团队步伐，不掉队，不单独行动。

2. 天气不定

解决措施：实时确定天气，选择适宜天气外出，穿舒适点的鞋子和衣服，工作人员备好晕车药、常见药品。

3. 疫情防控

解决措施：提前准备好防疫物资，全程戴口罩，确保各位居民的安全。

【课后任务】

1. 到社区实地调查，了解社区居民节庆活动的习俗、由来及特点，评估其社区活动需求。

2. 结合你所在社区居民对节庆活动的需求和社区的特点，设计适宜的社区活动方案。

第四章　儿童青少年社区活动策划与组织

【本章概览】

社区是儿童青少年社会化的重要场所，对儿童青少年学习基本的生活技能、掌握良好的社会规范、树立正确的生活目标、塑造相应的社会角色、形成完善的自我概念有着深远影响。本章从儿童青少年社区生活的特点出发，从教育成长、社交团建、亲子共融三个方面分析社区儿童青少年的活动需求，并在此基础上进行活动策划与组织。

【学习目标】

1. 理解儿童青少年社区活动的理论。
2. 评估儿童青少年社区活动的需求。
3. 了解儿童青少年社区活动的类型。
4. 掌握社区儿童青少年活动策划与组织的流程和技巧。

社区是儿童青少年栖息活动的重要场所。社区环境、社区文化、社区风气、社区舆论等都是影响儿童青少年社会化的重要因素，对儿童青少年道德品质的养成、价值观念的塑造、社会规则的理解、自我概念的形成、同辈群体的交往、社会实践的参与等至关重要。因此，有目的、有计划、有组织地开展社区活动，可以充分发挥社区对儿童青少年的积极影响，弥补家庭教育的缺陷和学校教育的不足，从而促进儿童青少年全面的发展。

第一节　教育成长类活动策划与组织

一、教育成长类活动开设的理论基础和需求分析

儿童青少年的健康成长需要良好的社会环境，良好的社会环境离不开家庭教育、学校教育和社区教育。然而在当前，由于家庭规模、家庭功能的变迁，太多父母忙于工作而无暇顾及子女，导致家庭教育功能不断弱化；学校教育也因其局限性，无法满足儿童青少年放学后、双休日、节假日、寒暑假等课外时间的教育管理需求。而社区作为儿童青少年活动栖居的重要场所，在其成长过程中所起的教化作用受到越来越多的关注和肯定。

2016 年教育部等九部门出台《关于进一步推进社区教育发展的意见》，指出“社区教育是我国教育事业的重要组成部分”，要“积极开展青少年校外教育，推动实现社区教育与学校教育有效衔接和良性互动。充分利用社区内的各类教育、科普资源，开展校外教育及社会实践活动，为青少年健康成长提供良好的社区教育环境”。自党的十九大首次将“幼有所育”纳入民生福祉的重要内容以来，《中共中央　国务院关于学前教育深化改革规范发展的若干意见》，中共中央办公厅、国务院办公厅《关于进一步减轻义务教育阶段学生作业负担和校外培训负担的意见》更是提出“建成广覆盖、保基本、有质量的学前教育公共服务体系”，并“充分利用社会资源，发挥好少年宫、青少年活动中心等校外活动场所在课后服务中的作用”。

所谓社区教育，是指在社区中，开发、利用各种教育资源，以社区全体成员为对象，开展旨在提高成员的素质和生活质量，促进成员的全面发展和社区的可持续发展的教育活动。面向儿童青少年开展教育成长类社区活动，既可以全面、全程、全方位满足儿童青少年教育成长需求；又可以弥补家庭教育和学校教育的不足，充分实现教育的全面育人功能；还可以整合调动社区的优势资源，形成教育合力，增强育人成效。

二、教育成长类社区活动介绍

2018 年，习近平总书记在全国教育大会上强调，要“坚持中国特色社会主

义教育发展道路，努力构建德智体美劳全面培养的教育体系”。2021 年，教育部等五部门《关于全面加强和改进新时代学校卫生与健康教育工作的意见》提出“把全面提升学生健康素养纳入高质量教育体系，将健康教育与德育、智育、体育、美育、劳动教育相结合，融入教育教学、管理服务全过程”。因此，我们可以把教育成长类社区活动分为德育、智育、体育、美育、劳动教育和健康教育六大内容。

（一）德育

德育是指对儿童青少年进行的思想道德教育，是儿童青少年素质教育的首要任务。根据《中共中央　国务院关于进一步加强和改进未成年人思想道德建设的若干意见》的要求，儿童青少年德育的主要任务包括弘扬和培育以爱国主义为核心的伟大民族精神，树立和培育正确的理想信念，培养良好道德品质和文明行为，培育劳动意识、创造意识、效率意识、环境意识和进取精神、科学精神以及民主法治观念。社区作为儿童青少年德育工作的重要场所，可以开展以下活动：

1. 宣传纪念活动

社区可以结合各种法定节日，传统节日，革命领袖、民族英雄、杰出名人等历史人物的诞辰和逝世纪念日，建党、红军长征、辛亥革命等重大历史事件纪念日，以及“九一八事变”“南京大屠杀”等国耻纪念日，集中开展思想道德主题宣传教育活动，引导儿童青少年弘扬民族精神，增强爱国情感，提高道德素养。

2. 参观瞻仰活动

在寒暑假，社区可以组织儿童青少年，尤其是单亲家庭、困难家庭、流动人口家庭的儿童青少年参观博物馆、纪念馆、陈列馆，瞻仰革命圣地、历史遗迹、名人故居，把深刻的教育内容融入生动有趣的课外活动之中，用民族悠久历史、优良革命传统和现代化建设成就教育儿童青少年。

3. 学习实践活动

在节假日等空余时间，社区可以面向儿童青少年开设传统文化学堂、民主法制讲堂、文明礼仪课堂，培养儿童青少年志愿者并鼓励支持他们开展志愿服务活动，进一步提升他们的思想文化修养、文明法治素养和公益慈善意识。

4. 评选评比活动

运用各种方式向儿童青少年宣传介绍古今中外的杰出人物、道德楷模和先进典型，激励他们崇尚先进、学习先进。通过评选杰出志愿者、最美家庭、感动社区人物等活动，为儿童青少年树立可亲、可信、可敬、可学的榜样，让他们从榜样的感人事迹和优秀品质中受到鼓舞、汲取力量。

（二）智育

智育是指开发智力的教育，有时也单指文化、科学知识方面的教育。社区在儿童青少年科学文化知识的宣传普及和教育中发挥着越来越重要的作用。具体而言，社区在儿童青少年智育方面可以开设以下活动：

1. 假期托管活动

社区“四点半”课堂，曾经是非常受社区居民欢迎的儿童青少年教育类活动项目，但随着“双减”政策的推行，学校教育时间的延长，社区“四点半”课堂逐渐退出了历史舞台。尽管如此，儿童青少年在周末节假日，尤其是寒暑假仍然存在着旺盛的文化科学知识学习的需求，因此，有条件的社区可以在假期举办托管活动，提供安全的场地供儿童青少年完成作业，安排专人为他们辅导功课，解除父母的后顾之忧，还可以开展国学教育、经典赏读、思维拓展等教育活动，提升儿童青少年文化科学素养，丰富他们的假期生活。

2. 科普教育活动

随着“社区科普益民计划”在全国的推行，我国已建立起一大批区级、市级、省级、国家级科普示范社区，成立了社区科普室，配备了科普宣传设施设备。因此，建立了科普室的社区，可以结合自身优势和特点开展儿童青少年科普教育，着力提升儿童青少年科学文化素质，增加他们参与科普活动的机会，教育和引领他们自觉抵制封建迷信和愚昧落后的习俗，为社会主义和谐社会建设夯实思想文化基础。

（三）体育

体育是对身体的教育，是为更好地实现运动价值而不断提高或展现运动水平的文化活动。儿童青少年参加体育锻炼，不仅能增强体质，提高身体素质和运动能力，还能通过对体育规则的学习和遵守，培养遵纪守法的意识，提高辨别是非的能力。其不仅能在体育运动中通过团队协作提高人际交往能力，还能发展出他们的竞争意识、拼搏精神。社区可以通过开展以下活动加强儿童青少年的体育锻炼。

1. 强身健体活动

现代社会中儿童青少年参与劳动的时间普遍比较短、强度大多比较低，受居住环境和科技进步的影响，儿童青少年课余时间在家看电视、玩电脑、刷手机的占了很大比重，加之不良的生活方式和饮食习惯，不少儿童青少年体质较弱，存在近视、肥胖、龋齿等健康问题。因此，社区可以结合儿童青少年的特点和喜好，利用周末、寒暑假等节假日，在社区组织广播体操、健身操、慢跑、乒乓球等体育活动，吸引儿童青少年参加。

2. 竞技比赛活动

为了提高体育活动的参与性和趣味性，社区还可以考虑组织竞技比赛类活动，比如婴儿爬行大赛、趣味运动会、乒乓球大赛、篮球对抗赛、自行车骑行比赛等，丰富社区的体育活动，活跃社区的体育氛围。

（四）美育

美育又称审美教育或美感教育，是培养儿童青少年健康的审美观，发展鉴赏美和创造美的能力的教育，其主要任务包括培养和提高儿童青少年感受美、鉴赏美、表现美、创造美的能力以及追求人生趣味和理想境界的能力。社区在面向儿童青少年的美育方面可以参考以下活动形式：

1. 艺术鉴赏活动

艺术鉴赏指人在接触艺术作品过程中产生的审美评价和审美享受活动。通过艺术鉴赏去理解接受艺术作品，人们能从中得到某种思想上的启迪和艺术上的享受。社区可以组织儿童青少年参观博物馆、艺术馆、画廊，观看书画展、儿童剧、音乐会，从而提高他们对美的感受能力和鉴赏能力。

2. 才艺学习活动

随着素质教育在我国的全面推行，家长越来越重视对子女的才艺培养，既希望子女能够接受艺术熏陶、陶冶情操，也担心子女不学才艺会输在起跑线上。然而社区中那些困境家庭的儿童青少年因为各种条件限制却鲜有机会发展自身才艺。鉴于此，社区可以结合微型少年宫、市民学校、活动中心等，开展美术、书法、手工、声乐、舞蹈、礼仪等培训，让有需求的儿童青少年有机会接受美的教育，发展才艺。

3. 技能展示活动

社区还可以面向全体儿童青少年组织开展技能展示活动，比如诗歌朗诵、文艺汇演、摄影大赛、书画展览、创意集市等，一方面为儿童青少年的自我展示提供广阔的平台，另一方面以不同形式的艺术活动滋养儿童青少年的心灵。

（五）劳动教育

《中共中央　国务院关于全面加强新时代大中小学劳动教育的意见》中指出，“劳动教育是国民教育体系的重要内容，是学生成长的必要途径，具有树德、增智、强体、育美的综合育人价值。实施劳动教育重点是在系统的文化知识学习之外，有目的、有计划地组织学生参加日常生活劳动、生产劳动和服务性劳动，让学生动手实践、出力流汗，接受锻炼、磨炼意志，培养学生正确劳动价值观和良好劳动品质”。劳动教育的开展，要整合家庭、学校、社会各方面力量，形成协同育人格局，从社区层面而言，面向儿童青少年的社区劳动教育可以包括以下内容：

1. 日常生活劳动教育活动

日常生活劳动教育立足个人生活事务处理，注重生活能力和良好卫生习惯培养，树立自立自强意识。社区可以通过个人清洁卫生知识抢答、收纳整理大赛、美食制作、家务打卡、垃圾分类等活动，使儿童青少年懂得人人都要劳动，感知劳动乐趣，爱惜劳动成果，树立自己的事情自己做的意识，提高日常生活自理能力，养成热爱劳动、热爱生活的态度。

2. 生产劳动教育活动

生产劳动教育是让儿童青少年在工农业生产过程中直接经历物质财富的创造过程，体验从简单劳动、原始劳动向复杂劳动、创造性劳动的发展过程，学会使用工具，掌握相关技术，感受劳动创造价值，增强产品质量意识，体会平凡劳动中的伟大。社区可以通过生态花园、一平米菜园等项目，组织儿童青少年参与修建、种植、养殖等生产劳动，学会与他人合作劳动，懂得生活用品、食品来之不易，珍惜劳动成果；还可以开设木工、电工、陶艺、布艺等项目在内的劳动及传统工艺制作活动，使青少年养成认真负责、吃苦耐劳的品质和职业意识。

3. 服务性劳动教育活动

服务性劳动教育是让儿童青少年利用知识、技能等为他人和社会提供服务，树立服务意识，实践服务技能，并在公益劳动、志愿服务中强化社会责任感。社区在服务性劳动教育方面具有天然的优势，可以依托社区便民服务中心、养老服务站点、社会服务机构等社区服务平台，引导组织儿童青少年参与环境美化、尊老爱老、助残济困等社区服务，增强公共服务意识，培养社会责任感。

（六）健康教育

健康教育是全面推进健康中国建设的重要基础，是加快推进教育现代化、建设高质量教育体系和建成教育强国的重要任务，是大力发展素质教育、促进学生全面发展的重要举措。教育部等五部门关于《全面加强和改进新时代学校卫生与健康教育工作的意见》要求“拓展健康教育渠道，课内教育与课外教育相结合，多渠道、多形式开展健康教育”。对此，社区层面可以面向儿童青少年开展以下健康教育活动：

1. 生理健康教育活动

社区可以通过举办应急救护培训、健康知识竞赛、健康技能展示、社区亲子运动会等，引导儿童青少年加强日常锻炼，提高传染疾病预防意识和疫情防控能力，学习掌握安全避险与应急救护等方面知识和技能；还可以通过开展宣传警示教育、社会工作小组活动等方式，提高儿童青少年对新型毒品和艾滋病的预防能力，加强青春期、性道德和性责任教育。

2. 心理健康教育活动

由于学校教育通常更加关注儿童青少年的学业教育，而对他们的心理健康教育投入不足，加之受社会环境、家庭教养模式的巨大影响，不少儿童青少年存在自我概念低下，以自我为中心、抗逆力不足、情绪暴躁、抑郁、焦虑等现象。对此，有条件的社区可以通过开设心理保健讲座、心理健康热线、生命教育活动、亲子教育活动等，增强儿童青少年尊重生命、珍爱生命的意识，培育积极的心理品质，保持乐观向上的心态，自觉维护心理健康，掌握正确应对学业、人际关系等方面不良情绪和心理压力的技能，提高心理适应能力。

三、教育成长类社区活动策划与组织示例

上文介绍了六种社区儿童青少年教育成长活动的类型和形式，接下来，我们以“儿童自我意识提升”为例，通过这份活动策划文案，向大家进一步呈现活动策划与组织的步骤、要点。

“我是最棒的”儿童自我意识提升小组

一、设计理念

本小组秉承“每个人都是有价值和潜能的”“每个人都是可以改变的”“每个人都是独特的”的社会工作专业价值理念，通过一系列小组活动，尊重接纳组员的独特性，挖掘组员的优势和潜能，提升他们的自我意识。

二、理论构架

人本治疗模式认为人的问题产生于不能接受自我，不愿接纳自己的情绪、行为和需要；其强调人的所有行为都是由自我概念决定的。自我概念指个人对自己的看法和评价，它并不是天生就有的，而是个体在与他人交往的过程中产生的。通过与他人的交往，儿童逐渐从他人的态度和反应中了解到许多关于自己的认识和评价，尤其那些儿童经常接触的重要人物，对儿童自我概念的形成有主要影响。但是，他人在给予个体关心和爱的同时，也把自己的价值条件强加给了个体，个体必须放弃自己的要求去迎合他人的价值标准，否则，个体就无法获得别人的关心和爱，因此个体就会变得难以接受自己、轻视自己。所以人本治疗模式的治疗方向是解除案主的自我防御，提升案主的自我概念，从而促进案主的自我接纳。

在中国的家庭中，一些家长采取的是“打击式”教育，是“学习至上”教育，认为对子女给予肯定和表扬会造成他们的骄傲，而骄傲则会使他们落后，同时，也把学习成绩视作评价一个孩子是否有价值的重要标准。殊不知这样的教育理念却会造成儿童青少年对自己的认知偏差，很容易使他们认为自己是“不受欢迎”“没有价值”的，从而使他们自我概念较为低下，难以真正地接纳自己。鉴于此，在

本小组中，可以以人本治疗模式为理论基础，通过创造和谐、接纳和真诚的合作辅导关系，协助儿童重整自我概念，让他们更好地依据自己的真实愿望生活，变成一个能够充分发挥自己能力的人。

三、目标及目的

总体目标：促进儿童自我意识的提升，完善儿童的人格。

具体目的：

1. 协助儿童挖掘自身的优势和潜能。

2. 协助儿童了解自身的局限，并接纳自己的不完美。

3. 协助儿童接纳、欣赏自己，提高儿童的自我价值感。

四、活动内容

1. 服务对象：

社区中身体健康、智力健全的儿童。

2. 小组特征：

性质：封闭式、成长性小组。

活动节数：六节。

时间：每周五 16：30—17：30。

地点：社区文化活动室。

人数：10~14 岁儿童 8～12 人。

3. 招募方式：

（1）通过社区张贴栏、公告栏、微信群发布活动信息，自愿报名。

（2）由楼栋长、网格员、社区干部等工作人员推荐。

（3）社工人员通过会谈、量表筛选。

五、小组活动内容

第一次活动

活动带领者：社工 2 名。

观察记录员：工作人员 1 名。

目标：

1. 介绍小组功能、性质，让大家熟悉流程。

2. 增进小组成员彼此间的熟悉。

3. 建立小组规则。

4. 让组员意识到每个人身上都潜藏着巨大的力量。

注意事项：

1. 结合儿童的思维能力和表达方式，使用儿童能够理解的语言和善用的沟通方式。

2. 避免把儿童“问题化”。

<table>
<tr><th>时间</th><th>目标</th><th>内　容</th><th>所需物资</th></tr>
<tr><td>10分钟</td><td>1. 破冰。
2. 促进组员相互认识</td><td>一、名字大串烧
1. 组员围坐成一圈，任意提名一位组员自我介绍姓名、年龄。
2. 以顺时针方向，由第二名组员做介绍，但是要说：我是×××后面的×××，今年××岁，第三名组员则说：我是×××后面的×××后面的×××，今年××岁，依次下去……，最后介绍的一名组员要将前面所有组员的名字、年龄复述一遍</td><td></td></tr>
<tr><td>15分钟</td><td>初步评估组员的自我意识状况</td><td>二、认识你自己
1. 请组员在下表的4个区域中，填写下属于自己的特质。
<table><tr><td>公开的我
（自己知道、别人知道）</td><td>盲我
（自己不知道、别人知道）</td></tr><tr><td>隐秘的我
（自己知道、别人不知道）</td><td>未知的我
（自己不知道、别人不知道）</td></tr></table>2. 引导组员思考：
（1）公开的你是怎样的？
（2）盲区是如何形成的？为什么别人看到的你是那个样子，而你却看不到呢？
（3）隐秘的你都有哪些特点？你为什么不愿意让别人知道这些隐私呢？
（4）你的未知区域有多大？那个区域还蕴藏着多少能量有待开发</td><td></td></tr>
<tr><td>10分钟</td><td>订立小组规范</td><td>三、制定小组契约
1. 社工介绍小组的内容和安排，强调小组的目标，让小组成员明白活动的目的和意义。
2. 引导成员讨论和制定小组规则，把经大家充分讨论达成一致意见的小组规则逐条写在一张大白纸上，并请每一个组员签上自己的名字</td><td>大白纸1张，彩笔2支</td></tr>
</table>

续表

时间	目标	内容	所需物资
10分钟	以游戏的方式，激发组员参与动机	四、绘制成长树 1. 社工事先准备一张大白纸，在上面画一棵大树的树干，并准备几个苹果形状的卡纸模型。 2. 社工给每个组员发6张相同颜色的彩纸(每个组员的彩纸颜色应是不同的)，带领大家在彩纸上画出苹果的形状，并用剪刀把苹果剪下来。 3. 组员在自己做的6个“苹果”上，分别写上自己的名字。 4. 社工把组员做的“苹果”统一收集在盒子里。 5. 社工介绍活动规则：每次小组活动，如果组员按时出席了，则把自己做的“苹果”粘贴一个到树上。小组结束后，谁的苹果贴得最多，谁就能够获得神秘礼物。 6. 本次出席的组员把自己的“苹果”粘贴一个到树上	画有树干的大白纸1张、苹果形状卡纸模型10个、彩纸1包
5分钟	总结	五、分享总结 1. 社工总结本次活动，并且邀请愿意表达的组员分享本次活动的感受。 2. 社工强调下次小组活动的时间、地点以及主题	

第二次活动

活动带领者：社工2名。

观察记录员：工作人员1名。

目标：

1. 让组员意识到每个个体都是独一无二的，有其存在的价值和意义。

2. 让组员意识到每个个体都有其不完美之处，而这些不完美恰恰是区别于他人的独特之处，因此要正确对待并接纳自己的不完美。

注意事项：

在“独一无二”的活动环节，社工可根据具体情况，选择儿童喜欢的时令水果，以增强儿童的参与乐趣。

时间	目标	内容	所需物资
2分钟	确认出席组员	一、签到，让出席本次活动的小组组员在成长树上挂一个自己的“苹果”	
8分钟	破冰	二、热身活动：萝卜蹲 1. 将参与者分成四“堆”以上，每“堆”人手牵着手围成一圈。 2. 给每“堆”人以颜色命名，即红、白、黄、紫四堆萝卜。 3. 任意指定一“堆”萝卜开始统一下蹲，同时还要念词“A萝卜蹲，A萝卜蹲，A萝卜蹲完B萝卜蹲”，再指定B萝卜堆做同样动作，目标要一致，依此类推但不能马上回指。例如，社工先指定白萝卜蹲，白萝卜堆听到指令后，立马同时蹲下，并且一起念“白萝卜蹲，白萝卜蹲，白萝卜蹲完红萝卜蹲”。念完后所有白萝卜手指一致指向红萝卜堆。红萝卜们马上开始蹲下，且口中要念念有词，指定下一个萝卜堆但不能是白萝卜堆	
30分钟	通过游戏，让组员意识到每个人都是独一无二的	三、独一无二 1. 把组员分成3～4人一个小组，各个小组成员围着桌子坐在一起，社工给每位组员发一个香蕉。 2. 给组员3分钟的时间，让他们寻找自己香蕉的5个特点。 3. 时间到后，要求组员把香蕉放在桌子中间，由社工把香蕉的摆放位置打乱。 4. 要求各小组成员从桌上的香蕉中找出自己的那个。 5. 加大游戏难度，所有组员全部围坐成一圈，把自己的香蕉放在桌子中间，由社工把所有的香蕉堆成一堆。 6. 社工发令“预备，开始”，成员从一堆香蕉中找出自己的那个。 7. 找到香蕉后，每个组员依次介绍自己凭什么找到香蕉的？自己的香蕉有哪些特点？ 8. 引导组员思考香蕉的特点，既包括最长、最黄这样的优点，也包括有伤疤、有裂缝这样的缺点。但那些看似缺点的地方，比如香蕉的裂缝，表明这个香蕉更成熟、更好吃。无论是优点还是缺点，都是它区别于其他香蕉的重要标志，每个香蕉都是独一无二的。 9. 把独一无二的香蕉引申到儿童身上，让儿童意识到他们每个人也都是独一无二的	时令水果

续表

时间	目标	内容	所需物资
10 分钟	总结	四、分享总结 1. 邀请大家把香蕉吃掉。 2. 社工总结本次活动，并且邀请组员分享本次活动的感受。 3. 社工强调下次小组活动的时间、地点以及主题	

第三次活动

活动带领者：社工 2 名。

观察记录员：工作人员 1 名。

目标：

让组员认识并珍惜、欣赏自己的身体。

注意事项：

隔空取物环节，应视组员的身高和手臂长度，设置不同的距离。

时间	目标	内容	所需物资
2 分钟	确认出席组员	一、签到，让出席本次活动的小组组员在成长树上挂一个自己的“苹果”	
18 分钟	破冰	二、隔空取物 1. 把组员分为 4～5 人一个小组，站立在指定范围内。 2. 社工把零食放在距离指定范围一米远的地方。 3. 组员不可用手触摸地下，尝试以合作方式隔空取得零食。 4. 完成后，组员可获取零食作为奖励	组员喜欢的零食若干
25 分钟	通过游戏，让组员学习接纳、欣赏自己	三、欣赏自己 1. 社工给每位组员派发一张印有一个人形的 A4 纸。 2. 社工邀请组员想一想，最欣赏自己身体的哪五个部位。然后请他们将自己最欣赏的部位涂上不同颜色来肯定自己。 3. 社工再引导组员在纸的空白处，写上自己最欣赏的身体的五个部位，它们分别可以发挥什么功能。例如：手可以做手工，脚可以跑步等。	印有人形的A4纸若干、彩笔 2 盒

续表

时间	目标	内容	所需物资
25分钟	通过游戏，让组员学习接纳、欣赏自己	4. 邀请2～3位组员介绍1～2个自己最欣赏的身体的部位并说明原因。 5. 社工引导组员意识到：每个人都拥有独一无二的身体，而身体的每个部位均有其不可取代的用处，组员在认识身体各部分的功能时，应同时会欣赏它们，欣赏自己拥有的身体和特质	印有人形的A4纸若干、彩笔2盒
5分钟	总结	四、分享总结 1. 社工总结本次活动，并且邀组员分享本次活动的感受。 2. 社工强调下次小组活动的时间、地点以及主题	

第四次活动

活动带领者：社工2名。

观察记录员：工作人员1名。

目标：

1. 认识自己在他人眼中的表现。

2. 充分认识自身的价值和潜能。

注意事项：

1.“失事的热气球”游戏重点不在最后推谁下去，而是在组员辩论的过程中，引导组员发掘自身的优点和作用，让他们感受自己的重要。

2. 组员辩论得很充分了，游戏即可结束，无须做出最后的推谁下去的结论，以免对“被推下”的组员造成伤害。

3. 组员辩论时，社工要注意引导，避免情绪激动导致人身攻击或肢体碰撞。

时间	目标	内容	所需物资	备注
2分钟	确认出席组员	一、签到，让出席本次活动的小组组员在成长树上挂一个自己的“苹果”		
8分钟	破冰	二、猜猜这是谁 1. 社工事先把每个组员的名字分别写在一张纸上。 2. 把写有组员名字的纸随机发下去，每个组员拿一张。	写有组员名字的纸条	

续表

时间	目标	内容	所需物资	备注
8分钟	破冰	3. 每人在拿到的那张纸上，对印有名字的该组员的特点进行描述。 4. 社工把写好的纸收好，一一念出每张纸上的特点描述，让大家猜猜这是谁	写有组员名字的纸条	
32分钟	通过游戏，加强组员对自身优势的发掘和认识	三、失事的热气球 1. 把组员分为2～3个小组，假设每个小组都正乘坐着一个热气球游玩，当气球飞到半空时突然急剧下降，组员扔完沙袋以及其他物品后，仍然无济于事！于是他们决定推一个人下去！ 2. 给各个小组两分钟的准备时间，并抽签决定情景模拟的顺序。 3. 根据抽签顺序，让各个小组的成员模拟社工假设的情景，依此在其他组员面前进行讨论，看谁对社会的贡献多，谁最重要，以此决定把最不重要的那个人推下去！ 4. 社工邀请组员分享在参加此游戏的感受。 5. 社工邀请每位组员谈论自己的重要性。 6. 社工强调该游戏的目的不在于结果，而是在辩论的过程中让大家进一步看到自己的重要性		工作人员在本环节要密切关注组员的讨论并有意识地引导不太活跃的组员发方言 本环节重在让每个成员都充分的谈论自己的重要性，讨论得差不多了，工作人员即可叫停，无须进入到最后的决定
8分钟	总结	四、分享总结 1. 社工总结本次活动，并且邀请组员分享对本次活动的感受。 2. 社工强调下次小组活动的时间、地点以及主题		

第五次活动

活动带领者：社工2名。

观察记录员：工作人员1名。

目标：

1. 协助组员发现自身特点。

2. 深入了解组员对自己的看法评价。

注意事项：

1. 在“世界之最”游戏环节，社工要引导组员设定正面的特点，而不能设定过于负面甚至带有人身攻击的称呼，比如“最笨的人”“最不受欢迎的人”等。

2. 自画像并不要求组员画得多好。对于不善绘画的组员，要鼓励其随意在纸上作画，并引导其分享。

时间	目标	内容	所需物资
2分钟	确认出席组员	一、签到，让出席本次活动的小组组员在成长树上挂一个自己的“苹果”	
8分钟	1. 破冰 2. 加强组员对自身优势的认识	二、世界之最 1. 社工介绍游戏规则：每个组员依次说一个“最××”的特点，然后组员在最短时间内，找出具有这个特点的组员。 2. 社工先进行三次示范，比如社工说：“个子最高的人”，组员马上站起来比高矮，看谁是组员中个子最高的一位；社工说“头发最长的人”，组员马上比各自的头发长短，看谁是头发最长的一位；社工说“名字笔画最多的人”，组员马上数自己的名字笔画数，然后看谁的名字笔画最多。 3. 社工示范完后，由组员依次说一个“最××”的特点，找出具备该特点的组员	
30分钟	进一步了解组员对自身的认识和期待	三、我的自画像 1. 准备好纸和彩笔。 2. 让组员在纸上画出自己的自画像。 3. 邀请每位组员描述自画像中的自己	A4白纸若干，彩笔2盒
10分钟	总结	四、分享总结 1. 社工总结本次活动，并且邀请组员分享对本次活动的感受。 2. 社工强调下次小组活动的时间、地点以及主题，并提醒组员下一次是最后一次小组活动	

第六次活动

活动带领者：社工2名。

观察记录员：工作人员1名。

目标：

1. 引导组员正确面对发生在自己生命历程中的重要事件。

2. 引导组员对自己的人生进行积极规划。

注意事项：

1. 社工一定要用简单易懂的话语引导组员绘制生命线。

2. 在绘制生命线的过程中，社工要格外关注组员的感受和变化，并进行及时情绪疏导，引导他们正确看待发生在他们生命历程中的重要事件。

时间	目标	内容	所需物资
2分钟	确认出席组员	一、签到 让出席本次活动的小组组员在成长树上挂一个自己的“苹果”	
8分钟	破冰	二、三字“禁” 小组成员围成一圈，随意指定一人开始报数。从1~100，每当报到带3和3的倍数的组员应当拍手，后面的人继续往下数。出错和反应太慢的成员给予小小的惩罚	
30分钟	引导组员正确看待自己的过往，并规划将来	三、生命线 1. 社工给每位组员派发一张A4白纸，并给每人一红一黑两支彩笔。 2. 社工引导组员把白纸横放好，然后在纸的中部，从左往右画一条长长的横线，并给这条线加上一个箭头，让它成为一条有方向的线。 ————————————————> 3. 社工引导组员在线条的左侧，写上“0”这个数字，在线条右方，箭头旁边，写上组员为自己预计的寿命数，比如62、100等。然后在这条标线的最上方，写上组员的名字、再写上“生命线”三个字。 4. 社工继续引导组员：按照你为自己规定的生命长度，找到你目前所在的那个点。比如你打算活75岁，你现在只有11岁，你就在整个线段的1/7处，留下一个标志。之后，在你的标志的左边，即代表着过去岁月的那部分，把对你有着重大影响的事件用笔标出来。比如你2岁进了福利院，你就找到和2岁相对应的位置，填写进福利院这件事，比如你7岁上学了，你就找到和7岁相对应的位置，填写上学这件事。	A4白纸若干，红笔若干，黑笔若干

续表

时间	目标	内容	所需物资
30分钟	引导组员正确看待自己的过往，并规划将来	如果你觉得是件快乐的事，你就用红色的笔来写，并要写在生命线的上方。如果你觉得快乐非凡，你就把这件事的位置写得更高些。反之就用黑色的笔来写，并要写在生命线的下方。依此操作，用不同颜色的彩笔和不同位置的高低，记录自己在今天之前的生命历程。 5. 社工引导组员看一看、数一数，在影响他们的重大事件中，位于横线之上的部分多，还是位于横线之下的部分多？上升和陷落的幅度怎样？最重要的是看组员个人对这件事的感受。 6. 社工引导组员规划生命线的将来时部分，把组员在这一生想干的事或可能发生的一些重大事件，都标出来，并尽量注明时间。视事件带给组员的影响和程度，标在线的上方或下方。 7. 社工引导组员看看自己写下的这些事件，是位于线的上半部分较多还是下半部分较多？也就是说，是快乐的时候比较多，还是痛苦的时候比较多？此环节强调的不是评判组员选择的正误和生活质量的优劣，而是看组员感受如何。如果组员觉得这样还好，就不妨继续下去，如果不甘心，可以尝试做出一些积极变化	A4白纸若干，红笔若干，黑笔若干
20分钟	总结	四、分享总结 1. 社工回顾五次小组活动的内容。 2. 邀请每位组员分享在小组中的感受和收获。 3. 数每个组员贴在成长树上的苹果，对五次小组都参与的组员给予奖励。 4. 小组成员合影留念	奖品、纪念品

六、预计会出现的困难及解决方案

预计困难	解决方案
组员中途退出小组	1. 结合组员的特点和需求，尽量设计有趣、参与性强的活动，吸引组员持续参与。 2. 对退出的组员情况进行说明，向小组组员公开
小组进行过程中出现冷场	1. 社工做好活动示范，以免组员因不明确活动规则而不知所措。 2. 社工及时引导，鼓励在小组中发言较少的组员参与

七、预算

项目	单价（元）	数量	总价（元）
大白纸	2	5 张	10
彩纸	30	1 包	30
A4 纸	38	1 包	38
胶水、胶带等	3	2 个	6
彩笔	25	2 盒	50
剪刀	5	2 把	10
水果	10	3 斤	30
纪念品	15	12 个	180
相片冲印	1	36 张	36
合计			390

八、评估方法

1. 通过访谈家长、邻居、社区工作者等，评估组员的变化。

2. 通过设计自我评价量表，并对组员进行前后测评，评估本小组活动对于提升组员自我意识的有效性。

3. 通过观察，评估组员的自我接纳程度。

第二节　社交团建类活动策划与组织

一、社交团建类社区活动开设的理论基础和需求分析

交往是人与人之间相互影响、相互作用的活动。人是社会的人，社会性是人的根本属性，人需要通过社会交往，发展自我概念，满足情感需求，获得群体归属。儿童青少年只有在与他人相互交往的过程中，逐渐掌握社会技能和社会道德准则，他们的心理水平和社会交往能力才能不断得到发展和提高，才能逐渐学会在平等的基础上协调好各种关系，最终成为社会的人。与此同时，随着科学技术的发展和知识总量的急剧增加，个体能力的局限日渐突出，工作效率的提高不再仅仅依赖于个别人的知识、智慧和创造力，而更依赖于人们的相互交流和补充，几乎任何一项重要任务的完成，都离不开人们的协作劳动。

随着儿童青少年身心发展，他们脱离父母、寻求友谊、与他人发展亲密关系、建立团队归属和获得团队认同的需求愈发强烈。然而一直以来，许多学校或家庭评判学生优劣的主要标准多是学习成绩，因此，儿童青少年大部分的课余时间都被家庭作业、课业辅导、才艺培训侵占，削弱了他们的人际交往和社会联结机会。同时，由于现代社区的楼栋式居家环境，邻里之间交往较为稀疏，关系较为淡漠，加之很多孩子出生在独生子女家庭，缺乏与同辈群体的交流互动，以及父母忙于工作而疏于情感交流，造成了部分儿童青少年的孤独感强烈，缺乏集体精神和团结互助意识，自我中心表现突出。

鉴于此，在社区这个儿童青少年社会化的重要场所里，创造儿童青少年的社交机会，策划组织儿童青少年社会交往和团队合作的活动，以帮助儿童青少年学习有效的沟通模式、培养良好的社交能力、提升合作的团队意识、构建积极的同辈群体，从而促进儿童青少年的人际交流和同辈支持，提升他们的环境适应力和竞争合作意识尤为重要。

二、社交团建类社区活动介绍

儿童青少年社交团建类活动主要分为同辈交往和团队合作两个方面。

（一）同辈交往

同辈交往指儿童青少年与同龄人即同辈群体的沟通交往。同辈群体在儿童青少年中普遍存在，是一个人成长发展重要的环境因素。由于同辈群体的成员年龄和经历较为接近，当他们在生活中面临相似的问题时，因为地位平等更容易沟通，同时，同辈群体中的成员由于成长背景和生活经验各不相同，又能从不同的视角发表意见，提供多元化的解决问题方案。

研究表明，同辈关系有利于儿童青少年社会价值的获得、社会能力的培养及健康人格的发展。儿童青少年同辈关系会对他们的行为产生不同的影响，具有较高同辈交往水平的人，自尊并尊重他人，能有效、恰当地解决人际关系问题，在解决冲突中以保持友谊为目标，努力争取与同伴平等，掌握较多的和恰当的活动策略；而同辈交往水平较差的人，则常有怪异性、攻击性和不恰当性行为，掌握的活动策略数量及质量都较差。

儿童青少年与同辈群体的交往水平往往和同辈沟通能力有关，而影响同辈沟通质量和效果的因素包括儿童青少年对沟通重要性的认识、沟通技巧的掌握和运用以及是否有合适的平台和机会来促成他们的沟通交往。因此，儿童青少年同辈沟通类社区活动的策划与组织，要考虑这些影响因素，并立足儿童青少年的阶段性特点，结合他们在同辈沟通中存在的困难和阻碍来进行活动设计。

1. 沟通训练活动

沟通训练活动一是要让儿童青少年意识到沟通的重要性，比如通过视频观摩、角色扮演、案例分析、情境体验等，觉察到亲密关系、人际误会以及同辈冲突中的沟通要素，从而意识到有效沟通的作用；二是可以通过社区课堂、培训讲座、体验游戏等形式，让儿童青少年学习语言沟通和非语言沟通的技巧，领悟平等、尊重、理解、接纳、非批判等沟通原则的实践意义，理解专注、倾听、回应、同感、协商等沟通技巧的运用策略，掌握同辈沟通中建立良好关系、避免沟通误会、化解人际冲突的方法和要领。

2. 社交参与活动

促进社区儿童青少年的同辈沟通，不仅仅是通过训练提升他们的沟通能力，更要为他们的同辈沟通提供实践的平台和机会，比如社区可以举办演讲朗诵、辩论大赛、社区调查、儿童青少年志愿服务等活动，增进他们的沟通交流。此外，社区在这些活动的组织实施中，还可以给予儿童青少年充分的信任和支持，鼓励他们参与到活动策划、筹备、组织的全过程中，全面锻炼他们的沟通、组织、协调、领导、说服能力，使儿童青少年既能在社区活动中满足其内在的人际交往需求，又能借助交往行为的自然后果提高独立解决人际冲突的能力，最终实现在交往中学会沟通。

通常，社区可以依托微型少年宫、图书室、科普室、社会工作室等平台，组织开展儿童青少年教育培训、素质拓展、科学普及、志愿服务等活动，在活动中充分调动儿童青少年的参与积极性，鼓励他们相互认识彼此交流，引导他们发表观点深入讨论，协助他们澄清误会化解冲突，支持他们自主策划自我管理，以此加强儿童青少年的同辈交往，提升他们的沟通交往意识和能力。

（二）团队合作

团队是指为了实现某一目标而由相互协作的个体所组成的正式群体。在团队中，成员为了达到一个共同的目标而相互支持、协作奋斗的过程就是团队合作。随着社会分工越来越精细，各行各业术业专攻，不同岗位各司其职，这也对团结合作以实现共同目标提出了更高要求，成员不但要具备较高的专业知识和技能，同时还须具备良好的团队合作意识和较强的团队合作能力。可以说，无论是个人、群体还是国家，都需要在竞争中合作，在合作中发展壮大。

团队精神的培养是个长期的过程，是在长期的学习实践中形成的精神品格，需要从小培养。儿童青少年在合作行为中表现出的合作意识及合作水平，很大程度上体现了儿童青少年的交往能力及同伴关系。因此，为了提升儿童青少年的合作意识、培养他们的合作能力，可以通过策划并组织开展团队建设、团队协作等活动来协助他们发展良好的交往能力、建立良好的同伴关系、培养良好的合作精神，以尽快适应现代社会的发展需求。

1. 团队建设活动

团队建设是有计划、有目的地组织团队，并对其团队成员进行训练、提高，以增强团队凝聚力的过程。在社区开展儿童青少年团队建设，就是要把原本分散居住、彼此之间缺乏关联的儿童青少年组织起来，通过设立共同目标、遵循共同理念、完成相应任务来增强彼此间的沟通和信任，形成对群体的归属和认同，建立团队的概念和意识。

儿童青少年团队建设的第一步是树立明确的团队目标，唯有此才能使团队成员团结一致，充分调动他们的积极性，发挥他们的才干和潜能，自觉克服一切困难，使团队高效运行。通常，我们可以请儿童青少年针对社区活动的目的为自己所在的团队取名称、定口号、编队歌、摆造型、做队旗，为团队设定目标。在这个过程中，鼓励每一位成员都积极为团队建言献策，促使成员在民主、融洽、紧张的氛围中迅速产生团队的归属感和责任感。同时，团队还需明确共同的价值理念，通过一指抬人、背坐起立、穿越电网等体验式游戏让团队成员明白团队的重要性，理解每个成员的努力对于团队目标实现的意义，思考个体怎么做才符合团队的需要，从而形成一致的行动理念，以此指引成员相互协商、共同决策的团队行为。

在儿童青少年团队建设过程中，最适合的就是开展历奇活动。历奇(Adventure)是指经历新奇、有趣的事情，是“离开个人舒适区，进入不肯定、不可知的处境，经历一些具有一定技巧难度，而且是陌生的、新鲜有趣的、具有挑战性的，与日常生活方式不同的活动过程”。把历奇运用在团队建设中，主要是强调在团队活动的历程中，通过制造团队的共同经历以及组员的亲身参与，增进团队成员的相互了解、使参加者在历奇中既经历各种任务和挑战，又在成功经验、他人的赞许中提升自我概念和抗逆力，团队成员也通过合作完成有挑战的历奇任务从而增强团队的凝聚力。

2. 团队协作活动

团队建设贯穿团队合作的整个过程，其目的主要是增强团队的凝聚力和向心力，形成良好的团队氛围，让每个成员能够平等参与、通力合作，积极为团队目标的实现做出自己的贡献。团队组建起来后，还需通过成员间的沟通、协商、支持、合作、配合才能有效达成团队目标，因此还需通过开设一系列团队活动，让青少年在团队中围绕共同目标进行交流、讨论、分工、协作，从而培养他们的团队合作能力。

有关儿童青少年团队协作的活动，不一定是要工作者特意为他们明确目标、周密计划，也可以从活动的策划开始，就交由儿童青少年，让他们群策群力，为活动的策划和组织出谋划策。比如，社区计划开设儿童青少年文娱活动，按照常规的做法，一般是由工作者确立活动主题、内容形式等，邀请儿童青少年参与，在活动的组织开展中，从场地布置、物资道具到人员安排，也都由工作者主导。

这样的活动策划和组织过程，尽管效率较高，但是儿童青少年都是被动参与，在活动中难以有效提升社交合作能力，因此，笔者以为可以参考以下工作思路：

首先，社区工作者组织社区的儿童青少年进行充分的讨论，发现他们的兴趣爱好、特长需求，并在此基础上确定活动主题，比如排练童话剧、音乐剧、英语剧、时装秀、文艺汇演等。工作者引导他们充分讨论每项活动的必要性、可行性，最终确定在社区举行一次演出。其次，工作者和儿童青少年一起讨论演出剧目，商定演员角色和演出场景，列出剧本、服装、道具、舞台等各种排练演出所需的资源，并由儿童青少年自行讨论进行角色分配。然后，儿童青少年共同合作，利用社区现有资源编写剧本，搭建舞台，准备服装、道具等，同时进行童话剧的排练。最后，儿童青少年在社区开展童话剧演出，邀请社区居民观看。

在演出策划、筹备和组织的整个过程中，工作者以引导和协助为主，鼓励和激发儿童青少年在团队当中自由表达、平等协商、民主决策、高效执行，同时也帮助他们澄清误会、化解冲突、达成共识，最终让他们的团队协作能力得到充分锻炼，让他们的团队合作意识进一步加强。

三、社交团建类社区活动的策划与组织示例

“闯关寻宝”社区活动策划书

一、活动背景

暑假开始了，儿童青少年们也都离开校园回归社区。社区工作者在需求评估中发现，本社区68%的小学生由于父母上班处于无人监管状态，这些儿童平日大都独自在家睡觉、看电视、打游戏。

为了让社区儿童度过一个愉快而有意义的暑假，本社区计划通过开展健康、有趣、安全的社区活动吸引儿童走出家门，让他们在活动中愉悦身心，在互动中结识朋友，在参与中发展社交，在合作中共同成长。

二、活动目标

1. 丰富社区儿童的暑期生活。

2. 促进儿童的社会交往，提高他们的沟通交往能力。

3. 树立儿童的团队意识，提升儿童的团队合作能力。

三、活动参与人员

居住在本社区的9~12岁儿童30名。

四、活动时间

某日 9：30—11：30。

五、活动地点

社区室外场地。

六、活动内容及程序

1. 准备阶段：

（1）招募 10 名志愿者，讲解活动程序和规则，明确各自分工和职责。

（2）设计寻宝路线，设置 A、B、C、D、E 共 5 个关卡，每个关卡设计好闯关或寻宝活动。

关卡 A——传皮筋：

① 小组成员站成一圈，每人发一根吸管，并叼在嘴里。

② 把一根皮筋挂在其中 1 名组员的吸管上。

③ 按顺时针方向，由其旁边的组员用吸管把皮筋接过来，挂在自己的吸管上。不能用手，只能移动身体，用嘴里的吸管传。

④ 最后一位成员顺利传完皮筋，则可进入下一环节。

⑤ 皮筋落地则游戏重新开始。

关卡 B——你比我猜：

① 每小组派 1 名代表，按照图片所呈现的词语进行比划或者描述，描述者所描述的内容中不得出现图片中的文字。

② 其余组员根据描述者提供的信息猜测相应的答案。

③ 每组猜 5 个，猜不出来则喊“过”，志愿者另外呈现一张图片。直到猜出 5 个，则进入下一环节。

关卡 C——吹气球：

每组至少用嘴吹 6 个气球，吹得大小至志愿者叫停为止。6 个气球吹好后，则进入下一环节。

关卡 D——寻宝：

在指定区域内寻找小红旗，每组至少找到 6 面红旗，则进入下一环节。

关卡 E——整理纸牌：

① 志愿者将三副顺序打乱了的纸牌给组员，开始计时。

② 组员需要将三副纸牌分开。

③ 每副纸牌按 A~K 的顺序排好，再按红桃、黑桃、梅花、方块顺序，从上到

下将纸牌叠好。

（3）每个关卡分配2名志愿者，并熟悉该关卡的活动内容、规则。

（4）分别在5张挑战书上，按照ABCDE、BCDEA、CDEAB、DEABC、EABCD的顺序写下各关卡的地名。

2. 实施阶段：

（1）介绍游戏规则。

（2）把参与儿童青少年分成6人小组，共5组。

（3）给每个小组20分钟时间，让他们为自己的小组取名字、定口号、做旗帜，并分别介绍自己的小组。

（4）每组选派1个代表，抽签选定该组活动的路线顺序。

（5）各组喊出各自的口号，加油热身。

（6）各组根据拿到的路线图，迅速找到第一个关卡，在志愿者处接受该关卡的挑战，挑战成功后则迅速进入下一个关卡。

（7）小组成员倘若出现违规行为，如不按规定的路线顺序等，每出现一次违规，该小组就需在原地停留30秒。

（8）所有挑战完成后，参与者回到出发的位置，最先完成所有挑战的小组获胜，每位成员将获得一份奖品。

七、预计困难与应对措施

1. 参加人数太多，造成安全隐患。

严格控制参与人数，如果儿童报名人数太多，可以考虑再次举行该活动；请社区安保人员协助维持秩序。

2. 儿童不遵守游戏规则。

详细说明游戏规则，并请志愿者随时提醒；运用小组力量制约不遵守游戏规则的儿童。

八、效果评估

根据工作员观察以及儿童反馈进行效果评估。

九、注意事项

1. 各条路线在正常行走的情况下，所花费的时间应相当。

2. 严格确保儿童安全。

第三节 亲子共融类活动策划与组织

一、亲子共融类社区活动开设的理论基础和需求分析

亲子关系建立在血缘和共同生活的基础之上，是父母与子女之间相互影响、相互作用的过程，是一种自然关系和社会关系统一的人际关系。家庭作为个体成长的首要场所，是影响个体社会化及发展的重要微环境，而家庭中的亲子关系作为家庭微环境中的关键因素，是个体一生中持续时间最长的第一种人际关系，也是影响儿童青少年身心健康发展的主要因素①，对儿童青少年智力的发展、能力的培养、人格的形成具有重要的作用。亲子关系的质量通常通过以下三个指标来反映：

一是亲子依恋，指孩子与抚养人之间形成的长期的、持续的情感联结。当抚养人对孩子的需求信号敏感、并能满足其需求时，孩子对抚养人便会形成安全型依恋。安全依恋是儿童青少年良好发展和社会适应的重要基础，不但会影响童年早期的适应情况，还会直接影响青少年、成年阶段的各种角色表现，甚至对个体成年后浪漫关系、亲密关系等人际关系产生持续影响。

二是亲子冲突，指父母与孩子由于双方在认知、情感、行为、态度上的不相容而产生的内隐或外显行为的对抗状态，既可以表现在心理层面，也可以表现在言语层面，同时还可以表现在行为层面。大量研究显示，亲子冲突会对儿童青少年在认知发展、情绪管理、人际适应、问题行为等不同层面产生直接的不利影响，如导致抑郁、孤独等不良情绪适应问题，同伴排斥等不良社会适应问题，攻击行为等问题行为的出现。

三是亲子亲和，指父母与子女之间亲密、温暖的情感联结，既可以体现在双方积极的互动行为之中，也可以体现在双方对彼此的亲密情感上②。亲子亲和能直接促进儿童青少年心理健康发展，还能显著抵抗危险因素对儿童青少年问题行为的消极影响，是个体发展重要的保护性因素。

---

① 吴旻，刘争光，梁丽婵．亲子关系对儿童青少年心理发展的影响[J]．北京师范大学学报（社会科学版），2016（05）：55.

② 赵景欣，刘霞，张文新．同伴拒绝，同伴接纳与农村留守儿童的心理适应：亲子亲合与逆境信念的作用[J]．心理学报，2013（07）：797-810.

然而，随着经济发展、社会变迁，家庭的结构和功能都在发生巨变，如父母由于工作、学习的原因长期不在子女身边或无法陪伴孩子，与子女缺乏沟通交流，造成亲子关系的缺失、疏离；父母工作繁忙，早出晚归，只照顾子女生活，而无暇顾及子女的心理健康和与他们的情感交流；父母缺乏亲子教育的方法技巧，对子女缺乏管束或管教太严，与子女无法进行有效沟通，使得亲子关系出现矛盾冲突；子女对父母的态度和行为缺乏了解，导致误会冲突；隔代教养、单亲家庭、留守儿童等现象的增多等，更是使得亲子关系面临新的困境与挑战。

因此，开展亲子共融类社区活动以增进父母对亲子关系重要性的认识，提高他们的亲子教育和亲子沟通能力，创造亲子接触和沟通交流的机会，从而协助家庭建立亲子依恋、化解亲子冲突、促进亲子亲和、密切亲子关系，尤为重要。

二、儿童青少年亲子共融类社区活动介绍

（一）亲子教育

亲子教育是根据儿童青少年的身心发展规律，在专业人员指导下，由孩子及其父母共同参与的一项具有指导性、互动性的活动。亲子教育的核心目标是指导家长建立和谐的亲子关系，其主要任务则是通过带领孩子及其家长开展有针对性的亲子活动，普及科学的教育理念和方法，对家长进行指导，使家长在活动中接受科学育儿知识和技能基本培训后能以科学的方法实施家庭教育，进而使得儿童青少年的整体素质得到不断发展和提高，为后续的教育以及终身发展奠定基础。

1. 教育理念普及活动

亲子教育的顺利开展离不开正确的教育理念的指导。亲子教育理念既包括儿童青少年发展理念又包括教育理念，前者主要指对儿童青少年身心发展阶段性特征的认识以及对家庭教养模式、家庭结构、沟通模式对儿童青少年身心发展影响的观念和看法；后者主要指对亲子教育的本质、亲子教育的规律、亲子教育的重点等的认识和看法。

鉴于此，社区可以通过举办讲座、工作坊等方式，向家长介绍儿童青少年身心发展的阶段性特点，增强他们对子女各个阶段所表现出来的语言、行为、情绪、认知等特点的理解，进而尊重每个儿童青少年成长发展的速度，明确到每个阶段

亲子教育的重点和恰当的方法；可以通过开设亲子教育小组，举办讲座、工作坊，举行亲子游戏等方式，让家长了解家庭结构、家庭成员的关系、家庭的互动、沟通模式、家庭教养模式、家庭生命周期等概念和理论，理解这些因素对亲子关系形成和儿童青少年身心健康发展的影响，从而意识到家庭的氛围、教养的模式、父母的言行等对子女成长的影响，进而明确亲子教育的着力点；还可以通过举行讲座、发放资料等方式，让家长了解亲子教育的本质和规律，形成对亲子教育正确的看法和评价。

2. 教育能力提升活动

光有良好的教育理念还不够，还需要把这些理念运用在亲子教育的过程中，发展出有效的亲子教育方法和技巧。因此，社区一方面可以与辖区的医疗卫生机构，幼儿园、中小学等教育机构，提供儿童用品和服务的商业机构等合作，开展观摩、实训，帮助年轻父母识别婴儿的需求并及时满足，学习怎么与婴儿进行身体接触与情感交流，从而建立婴儿良好的亲子依恋关系；帮助家长识别儿童身心成长的关键期，学习如何对子女进行语言训练、行为塑造、智力开发。另一方面，社区可以开设家长学校、家长小组，促进家长反思亲子关系纠缠、疏离和冲突的原因，学习把尊重、接纳、平等、无条件的爱、非批判、鼓励、自决等原则体现在与子女的沟通和教育中的方法和技巧，学会换位思考理解子女的“不听话”“不懂事”“爱撒谎”“太叛逆”“很顽皮”“拖延症”等表现，并能用恰当的方式应对这些表现，化解亲子冲突。

3. 儿童感恩教育

良好亲子关系的建立不光取决于父母，还有赖于家庭中的子女。对此，社区可以开设小组活动，邀请儿童青少年分享各自与父母的关系，谈论自己与父母的相处经历和感受，通过照顾“鸡蛋宝宝”等游戏体验父母养育的艰辛，理解父母的处境、压力与付出，常怀感恩之心；还可以引导儿童青少年探讨亲子冲突的表现和原因，学习情绪管理、时间管理、有效沟通的方法和技巧，通过“爱的表达”等活动向父母传递感恩之情。

4. 家长支持活动

家长在亲子教育的过程中往往会遇到很多的困扰，承受很大的压力，有时会感到身心疲惫。对此，社区可以组织家长支持性活动，把面临相似困境的家长组织起来，通过情绪宣泄、压力释放、问题探讨、对策商讨、资源共享来寻求理解和支持。

（二）亲子活动

融洽的亲子关系形成既需要和谐的家庭氛围、良好的养育理念、有效的沟通理解、恰当的教养方式，还需要通过亲子间大量的相处、陪伴、游戏等活动来增进亲子交流，促进亲子亲和。以下介绍4种常见的亲子活动类型。

1. 户外亲子活动

户外活动是儿童青少年亲近阳光和空气，走近大自然的最佳途径，也是锻炼他们拥有健康体魄、乐观人生的有效手段，它既能满足孩子好动与探究的本性，也有利于儿童青少年的生长发育。在户外亲子活动方面，社区层面可以策划并组织的有参观游览、亲子体育、亲子拓展、摄影大赛、社区游园等。

2. 亲子体验活动

由于社会分工日趋精细以及儿童青少年学业压力日益严重，儿童青少年的劳动生活经验越来越匮乏。针对这一情况，社区可以组织亲子体验类活动，比如采摘、除草、饲养、酿造等农场体验活动，再比如烘焙、陶艺、园艺以及各种职业角色扮演等体验活动，让儿童青少年在体验中既感受不同工作的特点和不易，又能接触新鲜事物，增长见识，还能获得尝试的乐趣，增进亲子交流。

3. 亲子游戏活动

亲子游戏是父母与孩子之间，以亲子情感为基础而进行的一种活动，是亲子之间交往的重要形式。儿童青少年在游戏中可以获得快乐满足，锻炼解决问题的能力，增进与父母的情感连接，家长在游戏中也可以进一步观察、了解子女的身心特点，增强对子女的全面了解。通常，益智游戏、康乐游戏、运动游戏、角色游戏等游戏形式都可以由亲子共同参与完成。

4. 亲子主题活动

除上述亲子活动外，社区还可以结合不同年龄儿童青少年的特点和需求，结合不同的季节和时段、不同的活动目的和内容，开展亲子主题活动。比如针对低龄儿童及其家庭举行宝宝爬行比赛，针对儿童青少年及其家庭开展亲子趣味运动会、亲子绘画、亲子表演、亲子阅读、公益服务等活动；针对寒暑假等节假日开展亲子夏令营、亲子冬令营、快乐六一等活动。

需要强调的是，各种亲子活动的类型并不是独立存在的，在实践中为了达成某些活动目标往往会涉及不同的活动内容与形式，要根据工作目标灵活选择。比如在社区开展亲子教育活动，为了激发居民的参与，增强现场互动，活动开始阶段可以设计一些亲子游戏进行暖场；为了提高家长对亲子教育重要性的认识，可以设计一些讨论分享活动；为了增强家长的教育能力，可以设计一些实践活动。

三、儿童青少年亲子共融类社区活动策划与组织示例

“家和万事兴”社区亲子教育讲座

一、活动背景

中国社会历来重视家庭建设，家庭生活和孩子未来养成之间存在着很强的联系。亲子关系，即家长和孩子的关系；家长更关注孩子的知识和技能，望子成龙，望女成凤，却忽略了某些更重要的东西。为了进一步密切家长们同子女的关系，我们特开设此次讲座，希望通过再现日常生活中亲子交往的场景，提供给父母们更多切实可行的亲子教育方法。

二、活动目标

1. 让家长们认识到亲子教育和良好亲子关系养成的重要性。

2. 使家长们能够识别错误的亲子教育方式和不良的亲子关系及其消极影响。

3. 提供给家长们正确的亲子教育方式以培养良好的亲子关系。

三、活动日期

某周末。

四、活动地点

社区文化活动中心。

五、活动方式

公益讲座，穿插亲子游戏和现场咨询。

六、活动参与人员

社区居民，以家庭为单位报名参加（父母和子女、父亲和子女、母亲和子女）。

七、活动内容及安排

（一）热身（20分钟）

游戏1：妈妈的手。

选取5户家庭，由妈妈带着一个孩子共同参加。活动中，把5个小孩的眼睛蒙上，让他们摸5位母亲的手（5位母亲不能说话或给予其他任何提示），并找出谁是自己的妈妈。找对的家庭可获得礼物一份，并由孩子介绍根据哪些线索找到自己的妈妈。

游戏2：亲亲我的宝贝。

另外选取5户家庭，由家长带着一个孩子共同参加。活动中，把家长的眼睛蒙上，让他们摸5个孩子的耳朵（5个孩子不能说话或给予其他任何提示），找出谁是自己的孩子，并亲亲他/她的额头。找对的家庭可获得礼物一份，并由家长介绍根据哪些线索找到自己的孩子。

（二）导入（20分钟）

社工通过案例、视频、讲解、发问等方式，展示亲子关系的不同类型及其影响，让家长们认识亲子教育和良好亲子关系养成的重要性。

（三）分享（15分钟）

家长们分享亲子教育心得。

（四）模拟（30分钟）

社区工作者通过游戏及情景模拟，再现生活中夫妻、亲子交流场景，了解不同夫妻之间，以及父母和子女间的沟通情况。

【情境1】小孩喝水时，不小心把水杯掉在地上摔碎了。

1. 分别邀请两个家庭上台模拟此情景，观察两对父母的不同表现。
2. 让其他家长思考，自己通常采用的是哪种方式。现在认为什么方式是最好的。
3. 工作者再次模拟此情景，告知家长正确的处理方式和原因。

【情境2】一对年轻夫妇半夜为了谁该承担更多的家务而争吵不休。夫妻俩终于争论完了，而4岁的孩子却哭闹着不肯睡觉。

1. 现场征求家长们的应对方法。
2. 引导家长思考，自己的反应会给孩子带去怎样的影响。
3. 工作者及其助理展示正确的处理方法和原因。

（五）沟通

【游戏1】邀请两对夫妇上台，把他们的椅子背对背放着。

1. 椅子中间留出1个拳头大小的空隙，然后让他们坐在椅子上，就这样和对方聊天。

2. 椅子中间留出3个拳头大小的空隙，仍然保持背对背的状态进行聊天。

【游戏2】邀请3对夫妇上台，先确定一下每对夫妇中，谁是A谁是B。

1. 第一轮A站着，B坐在A正前方的地板上。交流一下彼此的感觉。一分钟以后停下来，分享一下以这种位置交谈是什么感觉。双方换位置再来一次。

2. 仍然保持刚才那种位置关系，坐着的人得向上看，体会一下你的身体是什么感觉。

3. 还是同样的位置，试着拉起手。地上的人要将胳膊和手举起来而站着的那个要把胳膊放下。

4. 再回到刚才各自的位置上待30秒，这次不用再看对方了。

5. 游戏结束后，工作者把刚才的游戏情境再现到生活中父母和年幼的子女交往的情境中，促使家长们了解，人要想成功地与人接触，就必须面对面，且两人的目光需要是平行的。

（六）总结（10分钟）

工作者总结此次活动。

（七）咨询（10～30分钟）

讲座结束后，工作者继续为有需要的居民提供现场咨询。

八、活动所需资源

1. 能容纳至少百人的室内场地。

2. 多媒体设备（电脑、投影、音响、话筒等）。

3. 可移动且牢固的椅子8张。

4. 礼品数份，作为对参与互动家庭的奖励。

5. 讲座横幅。

6. 宣传资料。

【课后任务】

1. 到社区实地调查，了解儿童青少年社区生活的特点，评估他们的社区活动需求。

2. 结合你所在社区的儿童青少年的需求和社区的特点，设计适宜的社区活动方案。

第五章　老年居民社区活动策划与组织

【本章概览】

随着人口老龄化进程的加快，我国老年人口在总人口中的比例逐渐增大。老年人退休后社区成为他们的主要活动场所之一，越来越多的老年人将活跃在社区的舞台中，参与社区的活动与建设。本章将从老年居民社区生活的特点出发，从教育发展、健康促进、互助支持三个方面分析老年居民的社区活动需求，并在此基础上进行活动策划与组织。

【学习目标】

1. 理解老年居民社区活动的理论。
2. 评估老年居民社区活动的需求。
3. 了解老年居民社区活动的类型。
4. 掌握老年居民社区活动策划与组织的流程和技巧。

随着老年人口在世界各国人口中所占的比例越来越大，老龄化问题也越来越受到世界各国的重视。一般而言，当一个国家或地区 60 岁以上老年人占总人口的 10%或 65 岁以上的老年人占总人口的 7%时，就将这一国家或地区称为“老龄化社会”；当一个国家或地区 65 岁及以上人口占这一国家或地区人口的 14%时，我们将之称为“老龄社会”。我国在 2000 年年底 65 岁以上人口的比例超过了 7%，标志着我国的人口年龄结构已经转变为老年型。2020 年年底进行的第七次人口普查数据显示，我国 60 岁及以上人口为 26 402 万人，占总人口数的 18.70%（其中，65 岁及以上人口为 19 064 万人，占 13.50%）。与 2010 年相比，0 ~ 14 岁、15 ~ 59 岁、60 岁及以上人口的比重分别上升 1.35 个百分点、下降 6.79 个百分点、上升 5.44 个百分点。我国老年人的绝对数量居世界之首，且我国的老龄化进程要远远快于其他国家，我国用了不到 20 年的时间就完成了从成年型向老年型转变的过程，而这一过程英国用了 80 年，瑞典用了 40 年。在老龄化的过程中我国的人口高龄化也非常显著，2013 年中国 80 岁及以上老年人有 2260 万，到 2050 年，该数字有望提高到 4 倍，达 9040 万人——成为全球最大的高龄老年人群体[①]。我国老龄化面临的问题迫在眉睫。

面对严峻的老龄化问题，我国正在努力构建居家社区机构相协调、医养康养相结合的养老服务体系和健康支撑体系，以便更好满足老年人养老服务需求。老人生活在社区中，“社区养老”可以使老人不离开原本的生活环境进行养老，一则使老人有更多的机会与子女及亲友保持亲密关系；二则老人的子女及亲友能够给予老人照料；三则可以充分利用社区现有资源进行养老。社区作为老年人的主要活动场所，以社区养老作为依托，充分发挥社区优势为老年人提供高质量的养老服务至关重要。因此，在社区中依据老年人的需求，策划、组织和实施适合老年人的社区活动显得尤为重要。

第一节　教育发展类活动策划与组织

一、理论基础和需求评估

退休使老年人脱离了工作大环境，减少了老年人社会参与的机会，使老年人的生活范围缩小到家庭和社区范围内。面对这一人生转变，不同的老年人有不同的反应。有的老人退而不休，返聘工作或自主创业，继续发挥余热；有的老人乐观逍遥，发展兴趣爱好，休闲养生；也有的老年人孤独寂寥，郁郁寡欢，过着孤寂的生活。社区老年教育为老年人提供走出家门的机会，老年人可以依据自己的兴趣、爱好和能力选择性地参与到知识更新学习和自我成长发展中，既能学习新知识技能，又能丰富晚年生活，还能以社区为依托建立自己新的生活方式和朋友圈子。这不仅有利于帮助老年人树立积极健康的老龄观，提升老年人的精神文化素养，提高生活质量，还可以帮助老年人更好地参与经济社会生活，增加对社区的认识和了解，促进社区精神文明建设和和谐社区建设。最终实现老有所学、老

① 中国老龄化与健康国家评估报告[EB/OL]. http://www.who.int/ageing/publications/china-country-assessment/zh/.

有所教、老有所为、老有所乐，使老人过上幸福的晚年生活。老年人社区教育的成果将惠及老人，惠及子孙后代，惠及全社会。

积极发展继续教育，完善终身教育体系，建设学习型社会，是党的十八大提出的战略任务。社区老年人教育既是老年教育的重要组成部分，也是社区教育的组成部分。2016 年 10 月 5 日国务院办公厅印发了我国首个《老年教育发展规划（2016—2020 年）》，该规划指出："发展老年教育，是积极应对人口老龄化、实现教育现代化、建设学习型社会的重要举措，是满足老年人多样化学习需求、提升老年人生活品质、促进社会和谐的必然要求"。规划中，社区老年人教育是重要的组成部分。2016 年 6 月 28 日教育部等九部门印发《关于进一步推进社区教育发展的意见》，指出："社区教育是我国教育事业的重要组成部分，是社区建设的重要内容"。在社区中老年教育的发展势必会推动社区教育与老年教育的发展，从而促进我国终身教育体系和学习型社会的发展。"十三五"期间国家老龄事业发展和养老体系建设主要指标提出要使经常性参与教育活动的老年人口比例达到 20%以上。"十四五"期间国家老龄事业发展和养老服务体系建设主要指标提出老年大学覆盖面达到每个县（市、区、旗）至少 1 所。

关于社区老年人教育相关的理论，不同的学者从不同的角度进行了研究。接下来向大家介绍四个有关社区老年人教育的理论。

（一）现代化理论

"现代化"是指：人类社会从工业革命以来所经历的一场涉及社会生活诸领域的深刻的变革过程，这一过程以某些既定特征的出现作为完结的标志，表明社会实现了由传统向现代的转变。在现代化进程中，随着收入的增加、环境的改善和医疗条件的改进，人们更加健康长寿，老年人口日益增多。随着老龄化的逐步发展，现代化理论开始对老人问题进行关注。美国学者考基尔和霍尔摩斯在 1972 年出版了《老龄化与现代化》一书。他们认为随着现代化的不断加深，老年人的地位会随之不断下降，他们所拥有的领导角色和权力也会相应地减少，会越来越多地脱离社区生活。其中，健康技术、经济技术、都市化和教育是渗透到社会生活中的现代化因素与老年人的社会地位降低有关的四个关键因素。

防治疾病方面的健康技术延长了成年期的生活，使老年人口有所增加。在注重年轻人和新兴职业的工业化社会里，年长的人被迫退休，他们的社会地位便会有所下降。经济和工业技术的应用为年轻人带来新职业。年老的人由于缺乏再培训的机会，会被要求提前退休。在农业社会里，年轻人要仰仗老年人的智慧，但是在工业社会里，年轻人由于工作的关系会有更多的机会进行区域流动或社会流动。老年人饱受依赖他人和社会地位下降之苦。现今经济和工业技术的发展导致了都市化，这意味着工作要与家分离。年轻人与老年父母的距离增大，这改变了代际关系和代际联系的性质。年轻人向上流动所取得的高于父辈的社会地位导致了老年人社会地位的相对降低。经济和工业技术的发展要求倡导读书识字和受教育，这也使子女所受到的高等教育比父母多，社会资源直接向年轻人倾斜而远离老年人，加剧了老人地位的下降。①

虽然现代化理论所论证的老年人的地位随着现代化进程而不断下降还没有被充分的事实和数据所证实。各国不同的文化传统和老龄化政策也会给老年人的社会地位和生活质量等方面带来不同的影响。但是不可否认的是由于现代化的影响，老年人不得不面对一系列新的问题和挑战，持续不断地接受教育和进行学习对于老年人的社会地位和生活质量具有重要的作用，而终身学习已成为一种必然选择。

（二）终身教育理论

终身教育、终身学习和学习型社会是当今世界教育改革与发展乃至社会建设领域的重要指导思想之一。“终身教育”这一术语是 1965 年在联合国教科文组织主持召开的成人教育促进国际会议期间，由联合国教科文组织成人教育局局长法国的保罗·朗格朗（Paul Lengrand）正式提出。对于终身教育比较普遍的看法是：“人们在一生中所受到的各种培养的总和”，它指开始于人的生命之初，终止于人的生命之末，包括人发展的各个阶段及各个方面的教育活动。既包括纵向的一个人从婴儿到老年期各个不同发展阶段所受到的各级各类教育，也包括横向的从学校、家庭、社会各个不同领域受到的教育，其最终目的在于“维持和改善个人社会生活的质量”。终身教育的教育阶段包括婴儿、幼少年、青壮年、中年、老年五大阶段。老年期是终身教育重要的阶段，但是在传统教育体系下，老年阶段的教育没能得到应有的重视，终身教育的提出，明确地将老年教育界定为终身学习的最后一个环节，成为社会成员教育中不可缺少的一部分。

① 全国社会工作者职业水平考试教材编委会. 社会工作实务：中级[M]. 9 版. 北京：中国社会出版社，2019：148.

（三）社会化理论

社会化是个体在特定的社会文化环境中，学习和掌握知识、技能、语言、规范、价值观等社会行为方式和人格特征，适应社会并积极作用于社会、创造新文化的过程。社会化的内容包括学习基本的生活技能、学习基本的职业技能、掌握基本的社会规范、树立社会生活目标、学习扮演社会角色等。社会化的过程包括初步社会化阶段、继续社会化阶段以及特殊的再社会化阶段。个体的社会化是一种持续终身的过程，个体自身因素与社会环境因素的交互作用，不断地推动着个体的社会化。其没有固定模式，必须随着社会的发展而发展。

就老年人而言，老年期的社会化属于继续社会化的阶段，老年期的老人面临生理、心理和社会角色的变化，需要持续的社会化来适应这些变化。与此同时，面对高速发展的现代社会，科学技术日新月异，知识的更新速度不断加快，老年人想要跟上时代的变迁，就需要通过社会化来了解和掌握新知识、新规范，通过年轻一代将知识、文化传递给前辈的反向社会化来使老年人适应社会生活的变迁。

（四）增强权能理论

增强权能是指增强人的权力和能力。美国学者巴巴拉·索罗门在 1976 年出版的《黑人的增强权能：被压迫社区里的社会工作》中首先提出了增强权能的概念。增强权能取向的社会工作认为，个人需求不足和问题的出现是环境对个人的压迫所造成的，社区工作者为受助人提供帮助时应该着重增强服务对象的权能，以对抗外在环境和优势群体的压迫。增强权能理论的基本假设包括受助人是有能力、有价值的，每个人都不缺少权能，社会环境中存在着直接或间接的障碍，使个人无法实现他们的权能，个人的无力感是由于环境的压迫产生的，这种障碍是可以改变的，社区工作者与服务对象的关系是一种平等的合作性伙伴关系等。①

增强权能理论运用于老人服务中，我们首先要认识到老人自身的价值，老年人具备独立解决问题和控制自身生活的能力，老年人遭遇的很多困难和问题是因为社会环境对老年人形成了阻碍，教育发展类活动可以提升老人的自我认识，激发老人的自身潜能，增强老人的能力，从而达到对老人群体的充权、增权和赋权。

① 王梦云，翟洁．赋权增能理论视域下我国老年人力资源开发研究[J]．河北大学成人教育学院学报，2016，18（03）：11-14.

二、教育发展类社区活动介绍

根据国务院办公厅印发的《老年教育发展规划（2016—2020年）》和教育部等九部门印发的《关于进一步推进社区教育发展的意见》等文件精神，结合我国现阶段老年人社区教育实践，我们把老年人教育发展类社区活动分为老年人养生保健类活动、老年人兴趣爱好类活动、老年人技能学习类活动、老年人社会参与类活动、传统文化教育活动。

（一）老年人养生保健教育活动

老年期是疾病多发期，维护健康是老年人最为关注和渴望满足的需求，老年人通过参与社区养生保健教育活动可以学习养生保健相关知识，建立健康的生活方式，有助于老人进行自我健康管理。在社区中可以为老人开展如下养生保健活动：

1. 常见病防治及自我保健

针对老年人常见的高血压、糖尿病、关节炎等疾病，在社区中采用讲座、观看视频、知识问答、学习小组等形式，向老人进行常见病防治及自我保健知识的教育活动。

2. 中医养生保健

我国的中医养生保健历史悠久，运用中医知识进行养生保健被老年人喜爱。在社区中可以进行中医养生知识的学习，通过多种形式组织老人学习中药常识、药膳保健、经络按摩、时辰养生等中医养生保健知识，提升老人的自我保健意识。

3. 心理卫生保健

健康不仅仅指身体没有疾病，还包括心理的健康。老年人的心理保健和心理卫生问题，对于老年人能有一个健康的身体和良好的心态具有非常重要的意义。在社区中可以为老年人开展放松减压活动、常见心理疾病知识普及、情绪调节练习等心理卫生保健活动。

（二）老年人兴趣爱好活动

大部分老年人在年轻时为生活辛苦操劳，较少有自己的闲暇时光，对于自己的兴趣爱好没有时间和精力进行发展和培养。进入老年期，老年人有了更多的时间和精力可以用于自身兴趣爱好的发展，所以在社区中开展老年人兴趣爱好教育类活动能够较好地帮助老年人发展兴趣爱好，充实晚年生活。

在社区中可以根据老人的兴趣组织学习班或学习小组。活动主题包括：

1. 文艺表演类

在社区中组织老年合唱团、老年舞蹈队、老年乐队、老年模特队、老年礼仪队、老年小品相声表演队、老年话剧团等，讲授声乐、舞蹈、乐器及各类表演知识，帮助老人提升文艺表演水平。

2. 健身运动类

在社区中组织老年人喜爱的健身运动如广场舞教学活动，健身球、门球、乒乓球等球类运动，科学健身知识技能培训等学习活动。

3. 棋艺活动类

针对老年人体力较差，不适宜激烈运动的特点，可以在社区中组织老年人开展围棋、象棋、跳棋等棋艺类活动，通过教学提升老年人棋艺水平，还可以在社区中开展老年人的棋艺比赛。

4. 其他兴趣爱好活动

根据社区老年人的兴趣爱好还可以开展形式多样的兴趣爱好活动，如钓鱼、花草种植、宠物饲养、读书读报会、时事新闻分享等，帮助老人发展自己的兴趣，丰富晚年生活。

（三）老年人技能学习活动

活到老学到老，老人也有学习新技能的需求。在老年阶段，老年人对技能的学习不是为职业生涯做准备，老人对新技能的需求不在于该技能对于职业生涯和经济收入带来的影响，而是希望学习的技能能够使自己更好地适应社会生活的变化，更好地进行自我生活的管理，从而提高生活质量。在社区中可以根据老人的需求开展如下老年人技能学习活动：

（1）科技电子产品的学习。随着科学技术的快速更新，科技对人们的生活产生了巨大的影响。通过开展电脑、手机等科技电子产品的学习活动，可以帮助老年人掌握新的科学技术，通过运用新科技，实现生活的便利性。针对老年人的需求可以开展如学习使用聊天软件与朋友进行互动交流，学习运用购物软件方便生活购物，学习使用影音软件进行娱乐活动等。

（2）生活技能学习。随着老年人的退休，生活的重心从工作转移到生活中，生活的变化需要老年人学习新的生活技能来应对新问题。在社区中可以针对老年人的需要开展老年理财、家居整理、家务技巧等生活技能的学习活动，提升老年人的生活管理能力。

（3）语言学习。随着国际化进程以及我国社会的流动性加大，出现越来越多随子女迁入异地生活的老年人，为了更好地适应新环境，老人需要进行语言的学习，如当地语言的学习、普通话学习、外国语学习等，通过学习掌握新的语言，可以帮助老人更好地融入当地生活。

（4）老年人普法教育。在社区中进行老年人权益保障法律法规普法宣传教育活动，帮助老年人学法、懂法、用法，提高守法意识和依法维权意识。推动普法宣传教育规范化、常态化，强化全社会维护老年人合法权益的法治观念。

（5）安全知识学习活动。组织老年人学习安全知识，开展老年人防骗培训、老年急救技能培训、突发事故防范及处理、预防老年跌倒、家居用电安全等知识的学习和教育，提升老年人安全意识，增强老年人自我保护能力。

（四）老年人社会参与活动

老年人需要参与社会生活，表达自身诉求，发挥自身余热。社会参与类社区教育活动能够为老年人参与社会发挥余热提供知识基础，提升老年人参与社会的能力。社会参与类的社区教育活动可以开展：

（1）时事政治学习活动。组织老年人通过观看新闻节目、阅读报纸和刊物、进行热点问题交流讨论等方式了解时事政策及社会热点新闻，使老人退休后不完全脱离社会生活，能够及时了解国家发展和社会变化，紧跟时代的步伐。

（2）现代科技文化学习活动。现代科技发展日新月异，科技发展直接影响人们的生活，通过现代科技文化发展前沿知识的教育使老人能够了解社会的发展状况，享受科技发展带来的生活便利。

（3）社区志愿服务。在社区中搭建志愿服务平台，招募具有志愿服务热情的老年人参与社区志愿服务，对志愿者进行培训和管理，充分发挥社区老年人的能力，帮助社区弱势群体，改善社会环境，共建和谐社区。

（五）老年人传统文化教育活动

老年人对于传统文化有较深的感情，很多老人本身就是优秀传统文化的传承者，在社区中开展传统文化教育活动有助于老人找到归属感，陶冶情操。在社区中可以为老年人开展如下传统文化教育活动：

（1）传统文化思想研习活动。开展中国传统诸子百家文化研习活动，开展古文、诗、词、曲、赋的鉴赏活动。开展传统文学、汉语的学习活动等。

（2）传统技艺的学习活动。开展中国传统技艺如琴棋书画的学习活动，开展传统戏曲、武术的学习活动，开展民间技艺如剪纸、风筝、刺绣、篆刻、中国结、泥人面塑等学习活动。

（3）传统节日庆典活动。开展二十四节气、元宵节、清明节、端午节、中秋节、重阳节、腊八节、除夕、春节等传统节日的传统活动。

三、教育发展类社区活动策划与组织示例

上文介绍了五种社区中可开展的老年人教育发展类的活动，接下来，我们以“行摄天下”摄影学习活动为例，向大家进一步呈现活动策划与组织的步骤和要点。

“行摄天下”摄影学习社区活动策划书

一、社区活动名称

“行摄天下”社区老年人摄影学习主题活动。

二、社区活动背景

随着智能手机的普及与网络社交的兴起，越来越多的老年人喜欢在日常生活中拍照记录自己的生活点滴，并通过朋友圈等形式与家人、朋友分享。这样，掌握摄影技巧成为越来越多老年人的需求。在社区中有部分老年人积极参与社区服务，成为社区的楼栋长及志愿者，他们在社区的日常服务中需要掌握和运用摄影技术。基于此特计划开展以小区老年楼栋长和志愿者为重点服务对象的社区老年人老年摄影学习活动。通过摄影培训与学习，提升老年人的摄影水平，促进老年人的互动交流，丰富老年人的晚年生活。

三、相关理论/理念

活动以班杜拉的社会学习理论作为指导，班杜拉认为人的行为是后天习得的，

人的学习方式包括既包括直接学习又包括间接学习，间接学习即通过示范和模仿进行学习，班杜拉特别强调观察学习和模仿学习的作用。

本次活动计划通过直接学习和间接学习相结合的方式，提升老年人的摄影水平。直接学习主要通过讲授摄影技巧和操作练习进行，间接学习主要通过参与者之间的互动交流和作品展示完成。

四、社区活动目标

1. 通过摄影知识的讲解，使服务对象掌握拍照的基本原则和技巧。

2. 通过摄影实践使老人能拍出满意的摄影作品。

五、社区活动概况

1. 参与对象及人数：60～75岁的社区老年楼栋长、社区老年志愿者、社区摄影爱好者，共50人。

2. 活动时间：3月21日下午15：00-16：30

3. 活动地点：社区活动室

六、活动宣传与招募

1. 邀请社区的老年楼栋长及志愿者参与该活动。

2. 在社区居委会门口摆放具有吸引力的照片进行项目报名宣传。

七、社区活动流程及安排

序号	日期及时间	主题	内容及形式	所需资源	负责人
1	14：30-15：00	活动签到	1. 签到台签到、引导参观现场照片、引导就坐。 2. 现场摆放各类主题照片供参与者欣赏	1. 签到表、笔 2. 照片展示架	工作者1
2	15：00-15：30	拍照技巧讲解	运用ppt进行拍照原则及基本技巧的培训	教学用照片、电脑、投影仪	工作者2
3	15：30-16：00	拍照实践	参与者分三人一组，运用讲解的知识，在活动室以人物或静物为对象进行拍照练习。每组完成一张照片的拍摄，并将拍好的照片发给工作人员	手机、电脑、投影仪、供拍照的静物。	工作者1 工作者2

续表

序号	日期及时间	主题	内容及形式	所需资源	负责人
4	16：00-16：25	照片赏析	工作者 2 负责协助各组组员向大家展示自己的照片，并带领其他参与者分享对照片的看法及建议，进行照片分等级评分。工作者 2 在白板上记录大家的意见和建议，供大家交流学习	电脑、投影仪落地白板	工作者 1 工作者 2
5	16：25-16：30	活动总结	工作者 2 回顾本次活动，总结理论与实践知识，引导大家进行活动评估，进行活动总结	电脑、投影仪、落地白板	工作者 2

八、应急预案

1. 组员的人数控制：首先通过邀请社区的老年楼栋长及志愿者参与该活动，如果已达成目标人数则不再进行社区公开招募，人数不够就公开招募，人数较多可考虑分两次开展本活动。

2. 参与者迟到：提前准确告知活动签到时间及开始时间，活动开始前引导先到的组员进行照片赏析活动。活动开始前电话联系未到组员了解情况。

3. 参与者在照片赏析环节冷场：工作者 2 做好示范和引导，工作者 1 将摄影技巧和原则写到白板上供大家分享过程中参考。

九、经费预算

支出明细	预算	金额（元）
照片冲洗费	2 元/张×30 张	60
照片展架	60 元/个×3 个	180
矿泉水	2 元/瓶×20 瓶	40
彩色马克笔	30 元/盒×1 盒	30
合计		310

十、社区活动评估

评估指标一：参与者掌握拍照原则 5 点及拍照技巧 5 个，能拍出评价为良以上的照片。

评估方式：1. 照片赏析环节，由工作者引导参与者分享自己对拍照原则和技巧的掌握心得。

2. 照片赏析环节，通过为照片分等级打分进行评估。

评估指标二：参与者对活动综合满意度达90%以上。

评估方式：活动总结阶段参与者填写活动满意度评估表。

第二节　健康促进类活动策划与组织

一、理论基础和需求分析

健康是一个综合的概念，1948年世界卫生组织将健康定义为："健康不仅为疾病或羸弱之消除，而系体格、精神与社会之完全健康状态。"1990年加以补充将健康归纳为四个方面，即躯体健康、心理健康、社会适应良好、道德健康。

进入老年阶段后，随着年龄的增长，身体机能逐渐下降，老年期是疾病的多发期。随着人口寿命的增长，老龄化社会的到来，老年人的健康问题受到了各方的重视和关注，老年人的健康问题已经成为影响老年人生活质量的主要因素之一。世界卫生组织在2016年出版的《关于老龄化与健康的全球报告》中指出老年人的特征是多样化的。我们必须认识到影响老年人老化和健康的因素既包括生物遗传因素也包括环境因素（自然因素和社会因素），而且多数是因为人们所处的自然和社会环境造成的，包括家庭、邻里和社区，以及其个人特征，如性别、族裔或社会经济地位等。老年人的健康不仅与性别、年龄等人口学因素相关，还与社会经济状况、生活方式、患病和损伤状况等密切相关。老年人的健康影响因素包括：

（一）人口学因素

人口学因素包括性别、年龄、受教育程度、婚姻状况等方面。有研究表明女性较男性有更长的寿命。年龄是造成老人健康自理能力下降和健康水平降低的一个重要因素，随着年龄的增长，老年人的身体机能逐渐下降，身体健康水平也降低。受教育程度对于老人获取健康资讯，积极地进行健康管理有重要的影响，从而进一步影响到老年人的健康水平。婚姻状况对于老年人的健康来说也是重要的影响因素，婚姻质量不仅仅影响老年期的生活方式选择，也影响老年人的心理状态，从而影响老年人的健康。

（二）社会经济因素

社会经济因素包括生活环境、经济状况、社会经济地位等方面。在我国能够提供综合性卫生服务的公共卫生设施非常有限，而且大多分布在城市地区。中国四分之三的专业老年保健机构都分布在经济发达地区。生活在不同区位的老年人由于生活环境、经济状况的影响在健康资讯获取、医疗保健水平、健康保健方式选择等方面都有着较大的差异，从而影响老年人的健康状况。老年人自身的社会经济地位也影响着老年人的健康素养、生活方式选择、疾病管理等，从而影响老年人的健康。

（三）生活方式因素

生活方式因素包括老年人的生活方式、行为特征和饮食特点等方面。在老年期能够坚持规律的作息，科学饮食保证良好营养，克制烟草使用，进行体检，定期从事身体活动、注重休闲娱乐和心理保健等，有益于维持和提高老人的基本生活自理能力，促进老年人的健康。而不规律作息、营养失衡、抽烟、酗酒、生活焦虑压抑等都有可能会恶化老年人的健康状况。

（四）疾病因素

疾病因素包括老年人患慢性疾病的情况及生活自理能力等方面。老年期是慢性疾病的高发阶段，很多人同时患有多种慢性病。随着人口老龄化程度加剧，与年龄密切相关的疾病，诸如缺血性心脏病、癌症、脑卒中、关节炎和老年痴呆症等慢性（非传染性）疾病所累及人口的绝对数字将持续增加。影响中国老年人生活自理能力的健康问题包括：脑卒中、恶性肿瘤、缺血性心脏病、呼吸系统疾病、老年痴呆症、高血压性心脏病、跌倒、糖尿病、心理健康状况（如抑郁）等。老年人的健康素养以及对慢性疾病的管理态度和方法是保持老年人健康的重要影响因素。

老年人的健康状况对老年人有着多方面的影响。第一，健康状况直接影响老年人的生活质量，健康状况欠佳的老人受到病痛的折磨，生活的自主权受到影响，难以选择自己喜欢的生活方式，生活质量因此受到损害。第二，健康的身体状况是老年人参与社会生活的重要保障，健康的老人能够通过参与社会活动发展兴趣爱好，拓展人际交往。有的老人甚至可以继续参与生产劳动获得劳动收入，特别是身处农村地区的老人。而健康状况不佳的老人会选择减少社会生活，更加地依赖子女或亲属。第三，在居住方式选择方面，随着城市化、家庭小型化、妇女职业化、离婚率上升和年轻人口的高流动性，现代家庭照顾老人的功能严重受损，现在越来越多的家庭中老年人不与子女一起居住，但是如果老年人的身体健康状况欠佳，自理能力不够，就不得不选择依靠子女或亲属与其共同居住，在家庭无照料能力时还可能选择入住养老机构。第四，健康对老年经济状况的影响。身体不健康的老人所需的医疗费用和照护费用支出较大，老年人及其家庭都面临较大的经济压力。

年老并不意味着要依赖他人，健康老龄化是每个老年人及其家庭的期望。健康老龄化是指发展和维护老年健康生活所需的功能发挥的过程。在健康老龄化过程中，“内在能力”和“功能发挥”两个核心概念很重要。“内在能力”指个体在任何时候都能动用的全部体力和脑力的组合。而“功能发挥”是个体与环境的结合及其相互关系，是指使个体能够按照自身观念和偏好来生活和行动的健康相关因素。要实现健康老龄化，个人内在功能很重要，而社会所能提供给个人的促进其功能发挥的社会环境同样重要。健康促进是指运用行政的或组织的手段，广泛协调社会各相关部门以及社区、家庭和个人，使其履行各自对健康的责任，共同维护和促进健康的一种社会行为和社会战略。在社区中为老人开展健康促进类的社区活动就是健康促进的具体措施，这些活动可以使老年人加强对自身健康的掌控，活动不是侧重在治疗和治愈老人疾病方面，而是通过解决和预防不良健康的根源，帮助老人形成良好的健康生活习惯，使老年人的健康和生活质量获得保护和提高。

二、老年健康促进类社区活动介绍

根据《“十四五”国家老龄事业发展和养老服务体系建设规划》《智慧健康养老产业发展行动计划（2017—2020年）》《国务院关于加快发展养老服务业的若干意见》等文件精神，结合我国现阶段老年人社区健康促进服务实践，我们把老年人健康促进类社区活动分为老年人健康教育活动、老年人健康管理活动、老年人健康促进活动。

（一）老年人健康教育活动

1. 老年人健康素养教育

老年人的健康与其健康意识和健康素养息息相关，在社区中开展老年人健康意识教育，能使老年人理性地认识老年期，科学地看待身体变化，形成科学的健康观，提升自我保健意识，促进老年人选择健康的生活方式，提升老年人的健康素养水平。

2. 老年人健康常识教育

社区通过知识讲座、面对面解答、表演、观看影视资料、读书学习等方式开展传染病预防、慢性病预防、烟酒与健康、滥用药物与健康、保健品与健康、饮食与健康、心理健康常识、压力管理、家居安全与急救、老人防跌倒、医疗保险常识等健康常识教育，使老年人掌握基本的健康知识。

3. 老年人常见病知识教育

社区通过知识讲座、小组活动、经验分享、医疗咨询等方式针对老年人常见的高血压、糖尿病、脑卒中、呼吸系统疾病等疾病讲解患病原因、常用治疗方式、疾病注意事项、日常养生保健等知识，协助老人更好地认识自身所患疾病，并能够选择科学的保健及治疗方案。

4. 老年人养生保健教育

在社区中组织老年人通过讲座、观看影视资料、读书学习等方式学习养生保健知识，如中医养生保健、食疗药膳保健、心理保健、运动健身保健等知识，帮助老人更好地养生保健，预防疾病发生。

5. 老年人医疗及健康咨询

组织辖区医院的专业医护人员，为辖区内的老年人开展定期的健康咨询服务，针对老年人对疾病和日常保健中的疑问进行答疑，对老人健康生活方式和健身活动进行科学指导。

6. 老年照顾者技能培训

进入老年期老年人的身体机能衰退，部分老年人部分或完全丧失生活自理能力，需要他人进行生活照顾。承担老年人照顾的大多是老人的子女、亲友或聘用的保姆，由于照顾者缺乏照顾技能，在照顾中可能面临巨大的精神压力和身体压力。在社区为老年照顾者开展技能培训、心理疏导等社区活动，可以有效提升照顾者的照顾能力，减轻照顾者心理压力，为老年人提供更好的健康照护。

（二）老年人健康管理活动

1. 老年人健康体检

健康体检是一项重要的健康管理工作，通过健康体检可以对自己的身体状况有清楚的认识。组织社区老年人开展健康自查及健康体检活动，使老人能够及时掌握自己的健康状况，做到早发现、早预防、早治疗。

2. 老年人慢性病管理

慢性病全称是慢性非传染性疾病，不是特指某种疾病，而是对一类起病隐匿，病程长且病情迁延不愈，缺乏确切的传染性生物病因证据，病因复杂，且有些尚未完全被确认的疾病的概括性总称。常见的慢性病主要有心脑血管疾病、癌症、糖尿病、慢性呼吸系统疾病，其中心脑血管疾病包含高血压、脑卒中和冠心病。慢性病威胁着老人的健康状况及自理能力，慢性病的危害主要是造成脑、心、肾等重要脏器的损害，易造成伤残，影响劳动能力和生活质量。由于慢性病的病程长，使老人及其家庭面临极为沉重的照顾压力和昂贵的医疗费用，增加了家庭和社会的经济负担。慢性病的发病原因包括个人的生活方式、遗传、医疗条件、社会条件和气候等因素，其中个人的生活方式占有较大的比重。在生活方式中，膳食不合理、身体活动不足、烟草使用和有害使用酒精是慢性病的四大危险因素。

老年人是慢性病的高发人群，协助老年人认识慢性病的危害，通过调整生活方式、改善环境可以有效地对慢性病进行管理，减轻慢性病对老年人健康和生活自理能力的危害。

3. 老年人合理用药指导

科学的治疗需要定期服药治疗，但是生活中经常会出现老年人错误服药的情况。有的老人由于记忆力减退忘记服药剂量，甚至忘记服药；有的患慢性病老年人不及时根据自身情况调整药物剂量，常年服用同样剂量的药物；有的老年人深受市场中针对老年人的健康保健药物宣传影响，过度服用保健食品、药品。在社区中许多老年人都存在错误用药，甚至滥用药物的情况。针对此情况，在社区中联合医护人员为老年人提供合理用药指导，使老年人能够正确使用药物，帮助老年人科学合理用药。

4. 上门医疗服务

在社区中有部分老年人由于缺乏健康意识或经济困难、出门不便等原因，不能够获得足够的医疗服务。针对这部分老年人的健康需求，可以在社区中组织具有医护知识的专业人员定期为老年人提供上门的诊前指导、健康咨询、疾病诊治、风险筛查、诊后跟踪等服务，帮助老年人治疗疾病，使老人获得足够医疗服务。

（三）老年人健康促进活动

1. 体育锻炼类活动

体育锻炼有助于提升老年人的身体机能，增强身体柔韧性和活力，经常参与体育锻炼还有助于身心愉悦。社区通过组织老年人散步、跑步、游泳、跳广场舞或健身操、开展球类运动、练习太极拳或太极剑等活动，提升老年人的免疫力，通过体育锻炼促进老年人的身体健康。

2. 社会参与类活动

积极参与社会生活有助于老年人保持与社会的联系、激发老年人的活力、促进老年人的身心健康。进入老年期后，老年人参与社会生活不再以功利性目的为主，更多的老年人选择以发展兴趣爱好为基础，参与到社会生活中。在社区中根据老年人的兴趣爱好，组织各类的兴趣班，帮助老年人找到志趣相投的朋友；组织开展老年人喜闻乐见的文艺活动，提供老年人展示自我的平台；开展节假日主题活动、老年人生日会等活动，增加老人的社区归属感；组织老年人开展志愿服务，让老年人继续发挥自己的特长，参与社区建设。通过社会参与类活动使老年人保持活力、放松身心，丰富老年人的晚年生活。

3. 心理保健类活动

健康不仅仅指身体健康，还包括心理健康，心理健康在很大程度上会影响身体健康。所以在社区开展心理保健类活动，有助于促进老年人的全面健康。社区可以开展心理健康保健知识学习活动、放松减压小组活动、人际关系改善小组活动、家庭沟通能力提升活动、婚姻家庭质量提升活动等，帮助老年人舒缓身心，减轻压力，调整悲观思想，预防老年人心理疾病的产生。

4. 家居安全促进活动

老年期的安全意外事故对老年人的健康会造成巨大的伤害，世界卫生组织的报告指出跌倒是老年人慢性致残三大原因之一。开展家居安全促进活动，有助于减少意外事故的发生。社区可以组织开展针对老年人家居及其生活社区的健康危险因素排查活动，如进行家居用水、用电、用气安全排查，家居设施设备安全检查及改造，预防老年人跌倒专项活动，提供安全无障碍的出行设施及交通工具，保障老年人出行安全等。

三、老年健康促进类社区活动策划与组织示例

上文介绍了三类社区老年人健康促进类的社区活动，接下来，我们以社区老年人高血压支持小组为例，通过这份小组计划书，向大家进一步呈现活动策划与组织的步骤和要点。

一、社区活动名称

扬着高帆启航——社区老年人支持小组。

二、社区活动背景

在对社区 60 岁以上老人建档的过程中，发现在建档的 54 个老人中有 18 个老人不同程度的患有高血压，比例超过 30%。同时亦发现在 60 岁以上老人中，较少患有疾病的老人社区参与程度明显更高，老年人心态也会更加乐观，对生活有更高的满意度。而患有疾病特别是患有长期疾病的老人对生活的满意度、社区参与度、活动的频率都会相对较低。患高血压的老人大多身体上忍受疾病的困扰，心理上也因长期疾病产生较大压力。他们有的会抱怨自己命不好，不公平，晚年患病；有的会觉得患了高血压就什么活动都不能够参加，对自己的各方面能力评价较低；有的因为疾病造成经济上较大的压力。基于以上发现计划开展一个社区高血压老年人的支持性小组，通过小组活动，使组员认识到高血压是老年期的一种常见病，树立对身体疾病正确的认识；通过了解基本的高血压保健知识，养成一个正确的生活方式；通过分享自己的经历和心理的困扰，利用群体动力解决心理的压力；同时提供一个社会沟通与社会参与的平台，提高老人的活动水平。

三、相关理论/理念

1. 社会学习理论。根据班杜拉的观点，行为是经由观察其他的人或事而习得的。一个人可以不亲自实践而是通过看、听、读而获得或学习新行为。

2. ABC 理论。Ellis 提出“ABC 情绪理论框架”即：A 代表一个事实、事件、或一个个体的行为或态度的客观存在，C 是个体的情绪和行为的结果或反应，这一反应可以是健康的，也可以是不健康的，但 A（诱发事件）并不必然导致 C（情绪结果）。B（个体关于 A 的信念）在很大程度上导致了 C，即情绪反应。如果进行干预，则会产生 D（质疑不合理的信念），进而产生 E（新的信念），就会出现新的情感或结果。

3. 活动理论。该理论认为活动水平高的老人比活动水平低的老人更容易感到生活满意和更能够适应社会。老人应该用新的角色来替代丧失的角色从而把自身与社会的距离缩小到最低程度。

本小组运用社会学习理论，通过老人分享、看知识视频及医生的讲解等方式，让组员学习他人好的行为和经验，并将这些行为和经验转化为自己新的行为与经验。同时对于一些老人已经有的不健康的信念，本小组运用 ABC 理论，通过活动中工作员的引导和组员的分享，对组员某些不健康的信念 B，进行干预，进而产生 D 和 E。让组员能够对自己所患的高血压及自己的能力有重新的认识，减少组员因疾病引起的负面心情和行为，并能够有更加积极和满意的生活感受。老年高血压组员由于身体的原因限制了一些活动，活动水平会比其他老年人更低。小组以活动理论作为基础将老人组织起来，提供参加集体活动的机会，使老人活动水平提高。同时小组的经验和支持系统也能够帮助老人在小组结束后有更高的活动水平，从而提高老人对生活的满意度及对环境的适应能力。

四、社区活动目标

1. 使组员掌握高血压疾病及保健知识，形成健康的生活方式。

2. 通过小组的支持缓解老人因疾病带来的心理压力，共同解决遇到的问题。

3. 增加老人之间的沟通与交流，促进老人的社会参与。

五、社区活动概况

1. 参与对象及人数：需要每天吃药的高血压患病老人，年龄在 60 到 75 岁之间，已经意识到生病对自己的生活有明显影响并希望改变的有 8～10 人。

2. 活动时间：8 月 11 日至 9 月 16 日，每周二 15：00—16：30。

3. 活动地点：社区活动室。

六、活动宣传与招募

1. 家访过的符合条件的老人，逐一打电话邀请参加。

2. 若家访过的老人招募后人数不够，再根据社区卫生服务中心的体检结果，对符合条件的老年人打电话或家访招募。

七、社区活动流程及安排

序号	单元名称	单元目标	活动内容	时间
一	高手结盟	1. 成员认识。 2. 了解小组意义，制定小组规则，提出期望。 3. 进行小组前测	高手榜 小组介绍 高手登场 江湖规则 前测 愿望墙 总结	75分钟
二	高人一等的感觉	1. 分享高血压的身体感受及影响。 2. 分享现在应对的主要方法和行动	手指操 高人体验 高人秘笈 高人颁奖仪式 总结	70分钟
三	高手指路（一）	1. 通过看高血压知识视频学习高血压相关知识。 2. 共同讨论如何去实践	高手答题 专家指引 高手之路 总结	75分钟
四	高手指路（二）	1. 检验组员将知识和内容实践的情况。 2. 请医生给组员讲解高血压相关知识，解答组员疑问 3. 共同讨论如何将知识运用到实践中	高手分享 专家指引 高手之路 总结	80分钟
五	修炼完成	1. 共同回顾所学情况，检验组员运用所学方法的情况。 2. 将以前大家提出的问题再次进行讨论，了解问题解决的现状。 3. 组员共同探讨现在面临的问题	共编秘笈 回首过去 未来之路	65分钟

续表

序号	单元名称	单元目标	活动内容	时间
六	高手出征	1.总结小组中学到的方法。 2. 小组历程和感受的分享。 3. 后测。 4. 颁发结业证	秘笈分享 心路历程 后测 结业仪式	65 分钟

八、应急预案

预计问题	应变计划
1. 老人答应参加小组后，活动时间不来参加，或不能持之以恒	招募组员时告知活动的时间安排及纪律。 每次活动前一天电话通知并确认老人是否能够参加。 将组内认识的老人结队相互督促参加
2. 老人参加活动常常迟到	第一次活动告知老人小组规则，每次开始前和老人玩小游戏，等待其他老人到来。 工作人员活动后向老人了解迟到的原因
3. 老人由于语言的问题沟通不畅	小组中交流节奏慢一点，工作人员及时解释，确保各位老人都了解信息
4. 小组中由于籍贯原因出现次小组，老人不积极参加讨论	在介绍中模糊籍贯的介绍，注意老人每次活动位置确定的方法，每次同坐人员争取变动
5. 借用的社区的场地临时社区需要	提前一天与社区确认地点是否可用，事先找一个备用的地方
6. 老人来参加小组途中发生意外	每次开始前给老人打电话确定是否参加。 对迟到的人员打电话确认是否出门。 组织住得较近的老人结队往返

九、经费预算

名称	数量	单价（元）	合计（元）	运用单元
道具扇子	2 把	3	6	一单元
彩色便笺纸	1 本	5	5	一单元
彩色笔	1 盒	15	15	一单元
签字笔	1 盒	10	10	一单元

续表

名称	数量	单价（元）	合计（元）	运用单元
奖状	12张	2	24	二、六单元
奖品小风扇	2个	10	20	二单元
奖品扇子	10把	2	20	二单元
纪念品	10份	10	100	六单元
总计			200	

十、社区活动评估

设计前后测问卷，测试小组成员参加小组前后对高血压知识的掌握情况，以及生活方式的改变情况，根据测试的结果评估小组的效果。

第三节　互助支持类活动策划与组织

一、基础理论和需求分析

我国养老方式主要包括家庭养老、社区养老和机构养老。虽然未来很长一段时期里养老仍主要依靠家庭，但是随着我国正在经历城市化、家庭结构小型化以及妇女就业等方面的重大变革，这些变革对以家庭为基础的传统家庭养老模式提出了挑战。特别是在面对城市中大量存在的独居老人、空巢老人、失独老人以及在农村地区由于大量的青壮年劳动力从农村涌入城市，导致农村老龄化加剧、空巢老人增多的情况，家庭养老面临诸多的挑战。在机构养老方面，我国养老机构数量有限，《2021年国民经济和社会发展统计公报》数据显示，我国注册登记的养老服务机构4万个，养老服务床位合计813.5万张，每千名老年人拥有养老床位数比例较低。加之中国传统思想的影响，大多数老年人将入住养老机构作为最后考虑的养老方式，机构养老也很难满足老年人的养老需求。

在我国目前面临的老年人口基数大、人口老龄化速度快、人口高龄化显著及未富先老的老龄化的背景下，积极应对人口老龄化已经成为我国的一项长期战略任务。为了维护老年人权益，2018年12月29日第十三届全国人民代表大会常务委员会第七次会议通过《全国人民代表大会常务委员会关于修改〈中华人民共和国劳动法〉等七部法律的决定》，对《中华人民共和国老年人权益保障法》进行了第三次修正。在该法中明确提出要发扬邻里互助的传统，提倡邻里间关心、帮助有困难的老年人。鼓励慈善组织、志愿者为老年人服务。倡导老年人互助服务。2021年《“十四五”国家老龄事业发展和养老服务体系规划》提出以村级邻里互助点、农村幸福院等为依托，构建农村互助式养老服务网络。发挥互助优势进行养老是探索解决老龄化问题的重要途径。

在老龄化进程中，我们不仅要清楚地认识到我国虽然有大量的老年人需要照顾，但同时许多刚刚退休的老年人还有服务社会的热情和能力，他们是社区重要的人力资源。世界卫生组织提出“积极老龄化”倡导“健康、参与和保障”，其核心是鼓励老年人积极地参与力所能及的社会活动，社会参与是提升老年人生活质量的重要途径。在 2021 年印发的《“十四五”国家老龄事业发展和养老服务体系规划》中，明确提出要鼓励老年人继续发挥作用。在促进老年人社会参与方面，要在全社会倡导积极老龄观，引导老年人根据自身情况，积极参与家庭、社区和社会发展。积极开展“银龄行动”，支持老年人参与文明实践、公益慈善、志愿服务、科教文卫等事业。鼓励和引导老年人在城乡社区建立基层老年协会等基层老年社会组织，搭建自我服务、自我管理、自我教育平台。

在这一背景下，互助养老模式成为一种新的解决养老问题的模式。互助养老是老年群体自主、自助互相帮扶的养老模式。集合了家庭养老和社会养老的优势，使老年能够在熟悉的日常环境中，依靠老年同龄人集体的力量，通过年轻的照顾年老的，健康的照顾生活有困难的，通过相互照顾相互慰藉，从而低成本高效率地解决老人养老问题。这种模式强调普通居民间的相互帮扶与慰藉，这不仅有利于丰富老人群体的日常生活，也有利于满足他们的情感需要。互助养老首先能够更好地满足老人的情感需求，使老人能够不离开原本生活的环境，与有相同生活环境、相似生活习惯、相近人生经历、相互认同观念的其他老人有相互沟通和帮助的机会，满足老年人的情感需求。第二，互助养老能够增强老年人的独立意识，互助的方式能够更好地调动老人的自主性，减少老人自主性被年轻人剥夺的情况，也更容易形成独立的意识。第三，互助养老减少了老人对子女的依赖，改善了代际关系，减轻了子女的照顾压力和负担。第四，通过互助养老形成互帮互助的社区氛围，有利于和谐社区的建立。

在社区中开展互助支持类活动基于以下的理论支持：

（一）社会活动理论

凯文等人在 20 世纪中叶提出了社会活动理论，该理论认为：

（1）老年人虽然已经年迈衰老，但仍应该保持与中年时期一样的社会活动参与积极性，继续维持和发展人际关系与社交网络。

（2）老年人的生活满意程度取决于他们的社会活动参与水平，活动水平高的老年人比活动水平低的老年人更容易感到生活满意和更能够适应社会。

（3）老年人应该尽可能长久地保持中年人的生活方式以否定老年的存在，用新的角色来取代因丧偶或退休而失去的角色，从而把自身与社会的距离缩小到最低限度。良好的社会角色扮演可以让老人们在新的社会参与中认识自我，也可以使老人在心理方面保持健康，以此更能适应自身变化和社会变迁。

活动理论指导社区工作者不仅要在态度和价值取向上鼓励老年人积极参与他们力所能及的一切社会活动，而且更需要为老年人的社会参与提供更多的机会和条件。在社区开展互助支持类活动，就是为老年人提供社会化参与的机会，积极鼓励老年人通过参与互助支持活动，增加社会参与程度，通过参与社会活动帮助他人来提升自己的生活质量。

（二）社会支持理论

林南对社会支持给出了这样的定义：社会支持是由社区、社会网络和亲密伙伴所提供的感知的和实际的工具性或表达性支持。其中，社会网络是指个人可以直接接触的一些人，包括亲戚、同事、朋友；亲密伙伴是个人生活中的紧密关系，关系中的个人认同和期待彼此负有责任；工具性支持包括引导、协助、有形支持与解决问题的行动；表达性支持包括心理支持、情绪支持、自尊支持、情感支持、认同等。

格兰洛维特（Granovetter）提出了人际连接的强度概念可以由互动时间多寡，对彼此的情绪强度、亲密度和相互援助表现出来。他指出“强连接”对自我的社会心理活动有重要作用，互动的目的是维持既有的连接。“弱连接”则是连接个人更广泛的社会圈，互动的目的在于拓展连接的多样性。关于强连接与弱连接的作用各家看法不同，一般来讲，个人从强连接中更容易获得表达性支持，而从弱连接中则更容易获得工具性支持。①

在社区中开展老年人互助支持类活动可以帮助老年人建立自己的社会支持网

① 蒋涛．社会支持网理论综述[J]．经济师，2012（01）：63-64.

络，通过社会支持网络老年人可以获得工具性支持和表达性支持，能够从与他人建立的“强连接”和“弱连接”中获得相应的支持，从而解决老年期的困难和问题，提升生活质量。

（三）社会交换理论

社会交换理论由霍曼斯创立，他认为：任何人际关系，其本质上就是交换关系，人与人的交换行为是希望得到与其付出代价相等同的利益与回报。只有这种人与人之间精神和物质的交换过程达到互惠平衡时，人际关系才能和谐，而且只有在互惠平衡的条件下，人际关系才能维持。该理论的主要代表人物有布劳、埃默森等。[①]

在社区中开展互助支持活动，老人之间相互提供帮助，也是进行一种交换。在交换过程中应注意互助双方的互惠和平等，老年人通过帮助他人所获得的回报不仅是物质的也是精神的，同样对于来自他人的帮助，受助老人也应付出劳动或使用一定自有资源进行交换。

二、老年互助支持类社区活动介绍

在社区中开展老年人互助支持类社区活动，可以通过组建社区助老志愿者队伍，邀请社区中行动能力好的老年人、时间充裕的居民、社区商户以及社会组织成员等参与，通过运用时间银行、定期志愿者活动等方式为社区老人服务；也可以通过为老年人搭建社会支持网络，使老年人的亲友、邻里及其他有互助热情的老人参与到互助活动中，通过一对一结对互助或多对一结对帮助的方式进行。老年人互助支持类活动主要有以下几个方面。

（一）生活照料类互助支持活动

生活照料类互助支持活动主要是帮助老年人解决日常生活中遇到的困难和问题。特别是针对高龄老人、身体不好、行动不方便的老年人，为他们解决日常生活吃、穿、住、行方面的困难，使他们通过社区互助支持能够更长久地留在社区，更好地适应社区生活。

---

① 安玉丹. 基于社会交换理论视角的网络互动与现实行为反差的解读——由系列“扶老人事件”说起[J]. 今日中国论坛，2013（13）：185-186.

1. 代买代办类服务

此类服务首先是解决老年人外出办事的问题，在社区中有的老年人因为身体原因行动不便，有的社区没有方便老人外出的电梯或是交通工具。这些老人对于外出购买生活用品或是外出办事感觉非常困难和吃力，社区可以组织志愿者为老人提供代买生活用品或代交水电费等服务。其次，对于老人面临的一些办理起来内容复杂、流程繁琐的事项，社区可以提供代买代办服务，比如协助办理老年人免费乘车卡、办理银行卡等事务。这里特别需要注意的是，代买代办不等同于直接完全地替代老年人完成相关事项的处理，而是从赋权的角度，尽量促进老年人完成自己能够完成的部分，以此提升老年人的能力。比如有的老年人只是行动不方便，但是具有办事的能力，对待此类老人社区可以安排义工协助老人出行，到达办事地点后应该鼓励老年人自己办理。现代科技的发展使许多的服务可以足不出户就可以办理，比如通过手机软件购买蔬菜、水果、生活用品，也可以通过手机软件缴纳水电气费用，但是很多老年人没有掌握手机使用的方法，对于视力较好、能够运用智能手机的老年人，可以培训其使用相关软件，方便其生活。

2. 家务协助类服务

在社区中独自生活的高龄、空巢、独居老年人大多数具备基本的生活自理能力，能够自己洗衣、做饭、完成家居清洁等基本的家务工作。但是在一些家务事项的处理方面还是可能面临困难和问题，比如家电的修理、家居物品的修补、清洗大件衣物、清洗窗户玻璃、搬抬重物或是家居高处的清洁等。社区可以组织志愿者为老年人提供家务协助服务，如组织志愿者定期为老年人清洗大件衣物、清理卫生死角、协助搬抬重物、疏通管道、维修电器、修补家居等。在此类服务的提供中一方面社区要组织具有助老热情的人组成志愿服务队或是一对一结对关爱，另一方面社区也需要招募具有技能和特长的志愿者，比如具有家电修理技能、家居维修技能、家居清洁技能的志愿者。这些志愿者可以是个人，也可以是社区中的爱心企业，比如社区中的洗衣店、家电维修店、清洁公司等，充分利用社区的资源为社区的老年人提供家务协助服务。

（二）情感关怀类互助支持活动

情感关怀类互助服务主要是为了满足老年人的情感和心理需求。进入老年期，老年人逐步退出社会生产，生活重心转移，社会交往圈子变化，生活的各个方面都发生着变化。老年人将面临多重的角色转变，首先是职业角色的丧失，生活重心从工作转入家庭。在中国，退休后的许多老年人都要协助子女照顾孙辈，扮演好祖父母角色是老人们需要新学习的角色。随着老人年纪的增长会有越来越多的同龄好友离世，甚至是伴侣离世，这些都会对老年人心理造成负担和压力，所以老年人都渴望得到情感的关怀。但是随着社会现代化的发展，生活节奏越来越快，年轻人面临生活的压力离家工作，工作繁忙，加之生活经历的不同产生代沟，所以对于老年人的关怀有限。在社区中可以通过开展情感关怀类互助支持活动来满足老年人的心理和情感需求，如开展关怀陪伴活动，组织老年人相互探望、上门陪伴聊天解闷；开展心理关怀类活动，对近期遇到重大生活变革或是情绪低落的老年人进行心理慰藉；开展文体娱乐活动，丰富老年人晚年生活。通过情感关怀类服务使老年人感受到关怀，帮助老年人疏解苦闷，预防老年心理疾病的发生。

1. 关怀陪伴活动

组织社区志愿者定期对社区的老年人进行探访，了解老年人近期的身体状况、心理状况、生活情况，表达对老年人的关心和关爱。在探访中发现有遇到困难的老年人，积极协助老年人解决困难和问题。

2. 心理关怀活动

在社区中针对老年人常见的心理问题，通过培训讲座、互助学习小组、故事经验分享会等活动形式帮助老年人认识心理疾病，学习心理疾病的预防和保健知识，学习亲子沟通及人际互动知识，解决老年人遇到的情绪和心理问题，使老年人更好地适应退休生活，促进老年人心理健康。

3. 文体娱乐活动

在社区中组织老年人开展自助互助的文体娱乐活动，在传统节日到来之际在社区开展节日活动，在老年人生日之际在社区开展老年人生日会，日常组织老年人开展老年人广场舞活动、老年人健身操、老年人运动会、老年人歌唱比赛、老年人模特表演、老年人读书读报活动、老年人观影会、老人垂钓活动、老人棋牌活动、老年游戏活动等文体娱乐活动。定期组织老年人开展旅游度假、外出参观等活动，在活动中发掘老年人自身的潜能，使老人积极参与到活动的组织和开展中，提供老年人社会参与的平台，丰富老年人的晚年生活。

（三）健康照护类互助支持活动

健康是老年人最关心的话题之一，老年人的健康状况与健康的生活方式息息相关。健康互助类活动通过老年人之间的互帮互助促使老年人养成健康的生活方式。

1. 健康知识互助学习类活动

在社区组织具有共同健康兴趣或健康问题的老年人，通过开展健康读书会、健康经验分享会、健康知识互助学习小组、健康研讨会等活动共同学习健康知识，提高老人们的健康素养，相互促进形成健康的生活方式。

2. 医疗救护类互助活动

医疗救护类互助活动，主要是为了针对老年人健康状况恶化需要就医，或是老年人因为意外和突发状况需要紧急救护的情况。在医疗救护需求发生前，社区可以开展预防意外情况发生的活动，如通过开展老年人家居安全排查活动，开展预防老年人跌倒社区教育活动，开展老年人家居安全教育活动，开展老年人正确服药指导活动，开展老年人应急处理能力培训活动等，改善社区的老年人生活环境，提前预防意外情况发生。同时社区可以建立老年人意外发生后的响应机制，如建立老年人紧急联系卡、老年人帮扶志愿者队伍、老年人紧急医疗爱心车队、老年人医疗爱心医院等，保障老年人在遭遇突发状况需要医疗救护时能够及时得到医疗服务。

3. 护理康复类活动

为了更好地帮助有护理和康复需求的老年人，可以邀请专业医生或护士来社区中通过讲座、实训等方式教授护理及康复的知识；也可以邀请社区中具有实际照护经验的老年人或老年人照顾者通过分享座谈会等形式分享自己的照护经验以及照护的心得体会；还可以开展老年照顾者的支持性小组，运用小组互助支持的力量一起解决在照顾过程中遇到的困难和问题，给予彼此情感支持。

三、老年人互助支持类社区活动策划与组织示例

上文介绍了三类社区中老年人互助支持类的活动，接下来，我们以深圳市鹏星社会工作服务社“拥抱金色夕阳”——青少年敬老爱老探访活动为例，通过这份活动计划书，向大家进一步呈现活动策划与组织的步骤和要点。

一、社区活动名称

“拥抱金色夕阳”——青少年敬老爱老探访活动。

二、社区活动背景

东乐社区现有老人656人，其中户籍老人428人，独居老人8户，70周岁以上老人288位。部分老人子女不在身边、独自居住或随迁入户，日常生活中儿女上班后老人独自在家，他们在人际交往、社区归属、社区照顾等方面存在不适。老年人的生活品质、身心健康状态越来越受到人们的重视。但城市化进程的加速，越来越多的老年人变得更为孤独。他们长期留守家中，社交圈子狭窄。本次活动希望借助暑假期间组织社区青少年上门探访老人的形式，为社区长者送去关爱，为社区长者创造与其他人群接触和交流的机会，拓宽年长者的社交圈子，丰富他们的晚年生活。通过开展敬老爱老探访活动，一方面了解老人近期的健康状况和家庭生活情况，关心老人的身心健康。另一方面组织社区青少年手工彩绘杯子，将手工作品赠送给长者作为纪念，让青少年在暑假期间，通过探访老人的社会实践，弘扬中国尊老敬老爱老的精神，传承优良的传统文化。东乐社区党群服务中心继续实施老年人服务“爱·微孝”项目，加强社区参与和关爱，开展关注老人心理关爱探访活动。并计划组织社区青少年开展探访社区高龄老人，为他们送上真诚的问候和关爱。

三、相关理论/理念

社会互动理论：人的一生中，社区、家庭和学校都是重要的课堂，人们为什么要选择学校？就是为了选择受教育的环境，跟很多优秀的孩子在一起，跟很多优秀的家庭在一起，这对孩子来说是一个非常重要的塑造的过程。同理，社区对孩子成长的价值更是一个长期作用的过程，良好的社区环境能够实现社区、家庭和学校三方职能的有机结合。有意识地运用社区资源为儿童成长服务，是实现儿童在社区里健康成长的关键之一。

鲍尔拜所指的社会支持网络是指一组由个人接触所构成的关系网，透过这些关系网个人得以维持其认同，并获得情绪支持、物质援助、服务、信息、新的社

会接触等由各种有形的和无形的支持构建起来的支持体系。其中有形的支持包括物质或金钱的支持和援助，而无形的支持包括心理、精神上的，如鼓励、安慰、嘘寒问暖、爱及情绪上的支持等。当人们处于老年期时，由于生理、心理方面的衰退，在生活自理、精神慰藉、娱乐需求等方面都不能得到很好的满足，这造成老年人心理上的失落感，可能使老年人产生各种心理障碍。为了能够使老年人的晚年生活幸福圆满，居家生活安全舒适，需要通过社会各方面的支持，共同关爱老人。

本次活动组织社区青少年探访慰问社区高龄老人，给予他们情绪上的支持和精神上的鼓励，让老人感受与其他群体接触带来的快乐体验，感受到社区对他们的关爱。

四、社区活动目标

目的：探访慰问社区高龄老人，给予他们情绪上的支持和精神上的鼓励。

目标：1. 参与的青少年每人制作一份礼品慰问高龄老人。

2. 80%受访的长者对活动形式和得到的礼品满意。

五、社区活动概况

1. 参与对象及人数：老年人 15 户，青少年亲子家庭 20 人，共 50 人。

2. 活动时间：8 月 16 日 8：30—12：00

3. 活动地点：受访老人家中

六、活动宣传与招募

1. 电话预约高龄老人。

2. 结合暑期夏令营“弟子规”项目，招募社区青少年。

七、社区活动流程及安排

活动安排	时　间	环节名称	具体内容	人员分工
前期准备	7 月 12 日上午	招募青少年	在暑期活动开展过程中，招募青少年，结合“弟子规”小组共同招募	××××
	8 月 5 日下午	活动计划书 经费申请表	制定活动计划书、经费申请表	××
	8 月 9 日上午	确定培训内容	沟通讨论培训方案	××××
	8 月 9 日下午	通知青少年培训时间	通知报名的青少年，确定培训时间	××

续表

活动安排	时　间	环节名称	具体内容	人员分工
前期准备	8月10日上午	青少年探访培训	召开探访前会议，发放培训内容，说明注意事项。 培训内容： 1. 与长者交谈的内容。 2. 有哪些避忌的话。 3. 青少年的才艺展示时间安排。 4. 清晰活动流程的安排，确保大家明确自己的分工。	××
	8月5—9日	筛选受访服务对象	向工作站、各物业说明探访活动的目的，并收集受访服务对象的名单，进行筛选。	××××
	8月10日上午	确认探访对象与预约	确认与预约探访对象（提前一周）	××
	8月15日上午	活动物资准备	购买探访礼品、物资分组	××××
	8月15日下午	活动分工安排表	活动具体分工： 活动当天××、××、××各自带小组上门探访 ××、××在中心布置场地，准备总结的物资、横幅、音箱等。	××
活动过程	8月16日 8：30—11：00	探访高龄老人	分为4组同时进行。 8：30—8：35签到。 8：35—9：00到中心聚合，小组人员集合，各队伍领取物资。 9：00—11：00探访高龄老人： 1. 工作人员分工：××、××、××探访的老人户数4户、××探访的老人户数3户，合计15户。 2. 小组的模式：1名工作人员带队+1名家长义工+4名青少年。 3. 物资（带上手绘杯子、牛奶）。 4. 出发时间：9：00。	全体工作人员及社区青少年

续表

活动安排	时间	环节名称	具体内容	人员分工
活动过程	8月16日 8：30—11：00	探访高龄老人	5. 集合时间：11：00。 6. 探访内容及时间安排：工作人员带领青少年到预约老人的家中；由工作人员向青少年介绍受访者，再向长者介绍青少年以及此次探访的目的（8分钟）；工作人员引导青少年与老人交流或是青少年为老人表演才艺(10分钟)；青少年为老人赠送礼物，并与老人拥抱或握手互动（5分钟）。 与老人合影留念，并向老人道别（2分钟）。 注意：每组与老人接触的时间约是25分钟，以及到达下一户的时间约5分钟。时间的安排上是每户30分钟，4户共计是2小时。待4户探访结束，工作人员带领的团队在11点返回到中心集合	
	8月16日 11：00— 12：00	探访总结	工作人员组织参与探访的青少年对活动进行总结，引导青少年发表活动中的感受及收获	××××
活动跟进	8月17日	活动通讯稿	撰写新闻稿并发布	××
	8月底	活动总结	撰写总结报告	××

八、应急预案

1. 探访对象不在家：提前与老人预约时间，按时前去探访。

2. 探访现场过于吵闹：提前与青少年培训，掌握探访的技巧和注意事项。

九、经费预算

项目	单价（元）	数量	小计（元）
茶点	180	1份	180
牛奶	48	15件	720
合计			900

十、社区活动评估

	序号	评估项	评估指标	评估方法
活动评估	1	出席率	预计50人参加	现场观察评估
	2	目标	1. 参与的青少年每人制作一份礼品慰问高龄老人。 2. 80%受访的长者对活动形式和得到的礼品满意	现场观察统计、现场访谈
	3	文档记录	分工安排表、总结	活动结束后及时提交
	评估时间：√A. 活动结束后；B. 活动开始前与结束后；C. 其他（请说明） 备注：评估使用问卷、量表、访谈提纲需一并附上			

【课后任务】

1. 到社区实地调查，了解老年人社区生活的特点，评估他们的社区活动需求。
2. 结合你所在社区老年人的需求和社区的特点，设计适宜的社区活动方案。

第六章　社区服务活动策划与组织

【本章概览】

社区是社会的基本单元，是社会工作专业人才开展服务的主要平台，也是社会治理和民生保障的重要载体。社区服务关系民生、连着民心，不断强化社区为民、便民、安民功能，是落实以人民为中心发展思想、践行党的群众路线、推进基层治理现代化建设的必然要求。开展社区综合活动有利于促进居民互动与交流，丰富居民的精神文化生活，增强居民对社区的认同感与归属感。本章从为民服务、便民服务、安民服务等三个方面分析社区居民的多元需求，并在此基础上进行活动策划与组织。

【学习目标】

1. 理解社区服务活动的理论与背景。
2. 评估社区服务活动的需求。
3. 了解社区服务活动的类型。
4. 掌握社区服务活动策划与组织的流程和技巧。

改革开放以来，我国工业化、城镇化、市场化、信息化和农业现代化快速发展，带来社会结构、组织形式、利益格局、思想观念的深刻变化，社区成为各种利益关系的交汇点、各种社会矛盾的聚焦点、社会建设的着力点和党在基层执政的支撑点。因此，有目的、有计划、有组织地开展社区服务活动，有利于促进居民互动与交流，丰富居民的精神文化生活，增强居民对社区的认同感与归属感。

第一节　为民服务类活动策划与组织

一、为民服务类社区活动开设的理论基础和需求分析

1944 年，毛泽东写下了《为人民服务》的光辉篇章，把“为人民服务”作为共产党和八路军的宗旨，“为人民服务”作为思想命题被正式提出。1945 年，党的七大通过了新党章，第一次明确把“全心全意为人民服务”确立为中国共产党的根本宗旨。新中国成立后，以毛泽东同志为代表的中国共产党人制定了党在过渡时期的总路线，对农业、手工业、资本主义工商业进行改造，在我国确立了社会主义基本制度。1954 年，通过了新中国第一部宪法，以宪法的形式保障人民当家作主权力，坚持“群众路线”这一法宝，确定人民的中心地位。1978 年以来，以邓小平同志为代表的中国共产党人推行改革开放，发展社会主义市场经济，总结出“三个有利于”评判标准，以此作为衡量改革成败的判断依据。其中“是否有利于提高人民的生活水平”这一标准，不仅为我党“为人民服务”的宗旨注入了新的时代内涵，而且使这一宗旨在新的历史条件下更具实践性和可操作性。进入新千年，以江泽民同志为代表的中国共产党人提出了“三个代表”重要思想，核心就是“代表中国最广大人民的根本利益”。以胡锦涛同志为代表的中国共产党人提出了“科学发展观”，核心就是“以人为本”，注重经济发展质量、发展结构，更加注重公平，保护生态环境，完善社会保障体系，大力推动扶贫和城乡协调发展，其核心和实质就是更好地实现最广大人民的利益。党的十八大以来，以习近平同志为核心的中国共产党人始终牢记为人民谋幸福和为民族谋复兴的初心使命，坚持马克思主义的群众观点和中国共产党的根本宗旨，继承和发展了“全心全意为人民服务”“三个有利于”“三个代表”“以人为本”等人民主体思想，在治国理政实践中逐渐形成了“以人民为中心”的发展思想。

党的十九大报告指出：中国特色社会主义进入了新时代，我国社会主要矛盾已经转化为人民日益增长的美好生活需要和不平衡不充分的发展之间的矛盾。社会主要矛盾的变化是关系全局的历史性变化，要求我们在继续推动发展的基础上大力提升发展质量和效益，更好满足人民日益增长的美好生活需要。如何认识和

把握人民日益增长的美好生活需要？从需求性质来看，人类需要大致可划分为三个层次。第一层次是物质性需要，指的是保暖、饮食、种族繁衍等生存需要，这是人类最基本的需要。第二层次是社会性需要，它是在物质性需要基础上形成的，主要包括社会安全的需要、社会保障的需要、社会公正的需要等。第三层次是心理性需要，指的是由于心理需求而形成的精神文化需要，比如价值观、伦理道德、民族精神、理想信念、艺术审美、获得尊重、自我实现、追求信仰等。

可见，开展为民服务类社区活动，既是贯彻落实“以人民为中心”的发展思想，也是践行中国共产党性质宗旨、初心使命的生动体现，还是满足人民群众对美好生活需要的重要路径。

二、为民服务类社区活动介绍

2021年，国务院印发的《“十四五”城乡社区服务体系建设规划》指出：为民服务功能主要聚焦幼有所育、学有所教、病有所医、老有所养、弱有所扶和文体服务有保障，推动基本公共服务资源向村（社区）下沉。重点强化社区养老、托育、助残服务供给，做好对困难群体和特殊人群关爱照护，推动社区与居家养老服务协同发展。着力提升基层卫生、医疗保障服务能力，做好传染病、慢性病防控和儿童保健等工作，推进健康社区和村（居）民委员会下属公共卫生委员会建设。加强基层公共就业服务，在有条件的村（社区）设立就业创业空间，重点为村（社区）居民中的失业人员、就业困难人员、高校毕业生、退役军人、农村转移劳动力、残疾人等群体提供服务。大力发展社区教育，助力构建终身学习体系。扩大文化、体育、科普等公共服务供给。加强婚姻家庭文化服务。适应农村经济社会发展，增加行政村和较大自然村基本公共服务供给，提升邮政、金融、电信、供销、广播电视等公共事业服务水平。重点加强脱贫村和易地扶贫搬迁集中安置社区的教育、卫生、就业、社保、养老、社会救助、未成年人保护、环境保护等公共服务资源配置。基于以上要求和社区活动的特点，我们可以开展的为民服务类社区活动主要包括以下几个方面：

（一）再就业培训活动

“就业是最大的民生”，是中国共产党“以人民为中心”执政理念的主要体现。再就业培训是指对有过一次工作经历的社区居民失业或下岗后，对其进行从事职业所必需的职业指导、职业技能、职业道德和职业纪律的培训。再就业培训可以帮助社区居民提高再就业能力，尽快实现重新走上就业岗位的目标。为此，社区工作者应统计社区下岗失业人数，了解其就业意愿，联合劳动部门或职业学校分类实施再就业培训，增强培训效果，为实现再就业储备必要的知识和技能。如为残疾人开展盲人按摩培训，为村（社区）居民中的失业人员、就业困难人员等开展家政、月嫂、电工、焊工等方面的培训等。

（二）健康促进活动

健康促进是指运用行政的或组织的手段，广泛协调社会各相关部门以及社区、家庭和个人，使其履行各自对健康的责任，共同维护和促进健康的一种社会行为和社会战略。随着现代城市节奏越来越快，生活与工作的压力越来越大，人们的健康问题越来越堪忧，尤其是办公室里的久坐族们。对此，我们可以开展义诊、健康检查、健康沙龙、健身运动等活动，增强社区居民的健康意识，知道如何保持健康，在健康的生活方式下生活。

（三）节日文化活动

节日文化是一种历史文化，是一个国家或一个民族在漫长的历史过程中形成和发展的民族文化，也是一种民族风俗和民族习惯，如中国的春节、元旦、元宵节、清明节、端午节、中秋节、国庆节、重阳节等。每逢重要节日，家人团聚，欢聚一堂，举办各种活动，如看花灯、舞龙、舞狮、龙舟赛等。现代国际交流和国际合作越来越广泛，产生了许多国际性节日，如五一国际性劳动节、六一国际儿童节等。

（四）全民健身活动

全民健身是指全国人民，不分男女老少，全体人民增强力量和柔韧性，增加耐力，提高协调性和控制身体各部分的能力，从而使人民身体强健。全民健身旨在全面提高国民体质和健康水平，以青少年和儿童为重点，倡导全民做到每天参加一次以上的体育健身活动，学会两种以上健身方法，每年进行一次体质测定。为纪念北京奥运会成功举办，国务院批准从 2009 年起，将每年 8 月 8 日设置为“全民健身日”。2014 年 10 月，国务院下发了《关于加快发展体育产业促进体育消费的若干意见》，意见指出：大力支持发展健身跑、健步走、自行车、水上运动、登山攀岩、射击射箭、马术、航空、极限运动等群众喜闻乐见和有发展空间的项目。鼓励地方根据当地自然、人文资源发展特色体育产业，大力推广武术、龙舟、舞龙舞狮等传统体育项目，扶持少数民族传统体育项目发展，鼓励开发适合老年人特点的休闲运动项目。

（五）科学普及活动

科学普及简称科普，又称大众科学或者普及科学，是指利用各种传媒以浅显的、让公众易于理解、接受和参与的方式向普通大众介绍自然科学和社会科学知识、推广科学技术的应用、倡导科学方法、传播科学思想、弘扬科学精神的活动。科学普及是一种社会教育。2002 年 6 月，我国颁布了《中华人民共和国科学技术普及法》，明确指出：城镇基层组织及社区应当利用所在地的科技、教育、文化、卫生、旅游等资源，结合居民的生活、学习、健康娱乐等需要开展科普活动。目前，我国的大型科普活动包括科技周、大型科普展览、科技下乡等。对于社区而言，可以开展老年人养生保健、智能手机使用等方面的讲座。

（六）家庭评选活动

中华民族历来重视家庭。正所谓“天下之本在家”，尊老爱幼、妻贤夫安，母慈子孝、兄友弟恭，耕读传家、勤俭持家，知书达礼、遵纪守法，家和万事兴等中华民族传统家庭美德，铭记在中国人的心灵中，融入中国人的血脉中，是支撑中华民族生生不息、薪火相传的重要精神力量。2016 年 12 月 12 日，习近平总书记在会见第一届全国文明家庭代表时的讲话中指出：家庭和睦则社会安定，家庭幸福则社会祥和，家庭文明则社会文明。希望大家注重家庭、家教、家风建设，让家庭成为人们梦想起航的地方。社区可以开展诸如文明家庭、最美家庭、幸福家庭、和谐家庭等评选活动，积极传播中华民族传统美德，传递尊老爱幼、男女平等、夫妻和睦、勤俭持家、邻里团结的观念，为社会树立榜样。

三、为民服务类社区活动策划与组织示例

上文介绍了为民服务类社区活动的主要类型和形式，接下来，我们以“让时

间说爱”幸福家庭评选活动为例，通过以下这份社区活动策划与组织文案，向大家进一步呈现活动策划与组织的步骤和要点。

万州区“让时间说爱”幸福家庭评选活动计划书[1]

一、活动背景

习近平总书记在春节团拜会及此前历次有关讲话中都强调“家庭、家教、家风”的重要性，希望国人重视家庭建设、弘扬传统家庭美德，形成优良家风。为认真贯彻落实习近平总书记的重要指示精神，宣传健康文明家庭观念，在全区形成“注重家庭、注重家教、注重家风”的良好氛围，通过深入社区挖掘和宣传居民身边的“幸福家庭”及感人故事，依托榜样的力量积极传承夫妻和睦、尊老爱幼、科学教子、勤俭持家、邻里互助的家庭美德，让“幸福家庭”正能量在全区产生强大的“蝴蝶效应”，形成家家学习、争做“幸福家庭”的可喜氛围。

二、活动理论

（一）社会认知理论

班杜拉摒弃了传统行为主义认为人类由外界刺激来塑造的这个观点，在行为主义人格理论中加入认知成分，形成了自己的社会认知理论。社会认知理论主要包括三大部分：相互决定论、观察学习和自我效能。班杜拉认为自我效能感是个体对自己与环境发生相互作用效验性的一种自我判断，自我效能感强的人能对新的问题产生兴趣并全力投入其中，能不断努力去战胜困难，而且在这个过程中自我效能也将会不断得到强化与提高。相反，自我效能感差的人总是怀疑自己什么都做不好，遇到困难时一味地畏缩和逃避。班杜拉认为，个体在活动中是通过四个方面的信息来获得或形成自我效能感的。实践成败经验，即个体对自己的实际活动过程中所取得的成就水平的感知，成功经验增强其自我效能感，反之降低自我效能感。替代性经验，替代性经验的效能信息，是指看到能力等人格特征和自己相似的他人，在活动中取得了成功的观察结果，能够使观察者相信当自己处于类似活动情境时也能获得同样的成功，从而提高观察者的自我效能感。言语的劝导是指接受别人认为自己具有执行某一任务的能力的语言鼓励而相信自己的效能。值得注意的是说服性的言语必须实事求是，调动个体的积极性。那些虚幻的、华而不实的劝导不但会适得其反，更会影响自我效能的水平。乐观积极的自己肯定信念能创造积极情感，消极情绪会产生挫败感，所以要变消极情感为乐观心态。

① 该活动策划书由重庆市万州明爱社会工作服务中心提供。

由此可以看到，自我效能是可以通过个体在社会环境中来培养的。所以通过评选活动，居民可以在学习中注重家庭，使自己的自我效能感得到强化。

（二）社会支持理论

社会支持网络指的是一组个人之间的接触，通过这些接触，个人得以维持社会身份并且获得情绪支持、物质援助和服务、信息与新的社会接触。依据社会支持理论的观点，一个人所拥有的社会支持网络越强大，就能够越好地应对各种来自环境的挑战。个人所拥有的资源又可以分为个人资源和社会资源。个人资源包括个人的自我功能和应对能力，后者是指个人社会网络中的广度和网络中的人所能提供的社会支持功能的程度。以社会支持理论取向的社会工作，强调通过干预个人的社会网络来改变其在个人生活中的作用。特别对那些社会网络资源不足或者利用社会网络的能力不足的个体，社区工作者致力于给他们以必要的帮助，帮助他们扩大社会网络资源，提高其利用社会网络的能力。通过评选活动让更多的居民了解社会工作，了解运用社会工作资源的有效途径，可以获得同辈的理解与支持，相互之间可以探讨良好家风，共同维系美好家庭。

三、活动目的

1. 宣扬健康文明家庭观念，引导居民从自身做起，从家庭做起，带头弘扬传统美德。

2. 搭建多元沟通的平台，促进“四方联动”参与作用。

3. 扩大项目知晓度和社会影响力。

四、活动时间与地点

1. 活动时间：2017 年 4 月 25 日—7 月 31 日。

2. 活动地点：高笋塘广场。

五、活动对象与人数

1. 活动对象：万州区户籍及常住万州居民皆可参与。

2. 活动人数：从推荐的 80 个家庭中评选出 10 个“幸福家庭”。

六、活动评选标准

此次评选活动主要以“六大幸福指数”作为衡量“幸福家庭”的指标：即：家庭和睦指数、氛围温馨指数、家庭技能指数、身体健康指数、教育有方指数以及家庭品德指数。

1. 家庭和睦，夫妻恩爱，尊老爱幼，各家庭成员都致力于增进彼此的幸福和快乐。

2. 忠诚互信，相互关爱，注重交流沟通，家庭成员亲近默契，心有灵犀。

3. 家庭责任心强，善于处理好家庭、事业的关系。

4. 民主理家，家庭成员相互尊重，大事小事共商量，处理问题不专断专行。

5. 家庭凝聚力强，能够共同分享快乐，分担困难。

6. 家庭成员心态健康，有着共同的信仰和对生活的乐观精神。

7. 家庭学习氛围浓烈，注重家庭成员整体素质的提高，家庭教育有方，子女培养成才。

8. 注重家庭理财，善于根据家庭收入合理开支，对家庭经济有长远规划。

9. 家庭生活方式丰富多彩，生活品位高雅健康，善于在生活中发现和创造乐趣。

10. 社会形象良好、邻里关系融洽、热心公益、环保意识强烈、关爱弱势群体、具有较强的社会责任感。

七、活动组织

（一）主办单位

重庆市万州区民政局；重庆市万州区民政局婚姻登记处；重庆市万州明爱社会工作服务中心。

（二）协办单位

重庆市万州区太白街道孙家书房社区。

八、活动方式

（一）参与方式

符合本活动标准的家庭可以通过自荐、他荐和社区居委会（村委会）推荐等方式进行参与。

（二）报名方式

在活动规定的时间内，填报“幸福家庭”推荐表（见附件）及1500字以内事迹材料，申报表格可在万州婚姻家庭辅导群（189××759）、万州明爱社会工作网站（http://www.mingaisg.com/）自行下载。

（三）评选方式

1. 线上投票：通过微信对参选的家庭进行投票，选出前20名幸福家庭。

2. 线下投票：组织10名评估人员（专家5人：由区民政局、区妇联、区民政局婚姻登记处、明爱社会工作服务中心相关负责人组成；群众代表5人：由居民自荐或村社区推荐）对前20名家庭进行评议，选出10名幸福家庭。

九、活动安排

第一阶段（3月8日—4月24日）：宣传发动。利用网络、电视、走访家庭、张贴海报等形式进行宣传发动，让居民了解本次活动安排及创建内容及目的。

第二阶段（4月25日—5月31日）：申报评选。符合条件的家庭对照评选标准自主申报，经过层层择优选拔，最终评选出各类“幸福家庭”。

第三阶段（6 月 1 日—6 月 7 日）：投票公示。组织专家和群众代表评议、公众号投票的方式在 80 户“幸福家庭”中选出 10 户“幸福家庭”，并对相关事迹进行宣传、公示。接受群众监督，公示结束后，确定正式表彰对象。

第四阶段（7 月 31 日）：表彰。开展表彰活动，表彰“幸福家庭”，并在微信平台、电视台、网络大力宣传。

十、活动宣传

（1）网络宣传（机构微信公众平台、QQ 群、新浪微博、网页等）。

（2）本地媒体宣传。

（3）海报宣传。

（4）社区平台宣传。

（5）深入家庭宣传。

十一、活动准备

时间	准备事项	负责人	备注
2017.3.1—3.7	撰写活动方案	李××	
2017.3.8—3.31	通过前期的家风宣传活动，预告“幸福家庭”评选	冉××	
2017.4.1—4.20	媒体、网络、走访等多形式宣传发动，鼓励居民参与评选	冉×× 卓××	
2017.4.21—5.31	线下组织专家、群众代表筛选，线上微信公众号投票	冉×× 潘××	
2017.6.8—7.29	筹备表彰活动物资、决赛架子及背景、凳子、音响设备；落实安保、医护人员等；落实活动主持人及参与活动领导；落实音响设备，邀请政府、企业代表、组织社区居民参与	冉×× 卓××	
2017.7.31	接待领导及主持人	李××	
	现场秩序维护，引导观众入座，负责居民签到，抽奖	吴××	
	摄像、合影	潘××	
	颁奖	王××	

十二、经费预算

序号	开支项目	预算	金额（元）
1	奖杯	10 人×45 元/人	450
2	证书	10 人×12 元/人	120
3	活动奖品	10 份×200 元/份	2000
4	场地费	1000 元	1000
5	交通费	300 元	300
6	饮用水	8 桶×30 元/桶	240
7	餐饮费	1000 元	1000
8	宣传海报等制作	1000 元	1000
9	音响设备租赁费	1000 元	1000
10	舞台搭建费、桁架	1500 元	1500
11	灯光	2000 元	2000
12	LED 屏（投影仪）	500 元	500
13	志愿者补贴	25 人×50 元/人	1250
14	幸福感言视频录制费	3000 元	3000
15	现场桌椅租赁费	500 元	500
16	其他不可预见费用	300 元	300
合计（元）	16 160		

十三、预计困难及对策

预计困难	对策
物资准备不足	拟定详细物资准备清单
活动宣传不够	多平台做好宣传发动
活动现场混乱	提前做好人员分工
音响设备出现故障	准备好两套音效舞台设备（音效、电脑、麦克风）
如遇雨天	室外活动临时取消，延迟择日再办，并及时做好通知工作

十四、评估方法

（一）过程评估

运用观察法，对活动现场进行评估。（如活动气氛、对象参与互动、突发事件的处理等）

（二）效果评估

通过直接访问服务对象，了解活动参与对象对活动的评价。

十五、活动附件（略）

（1）活动海报。

（2）让时间说爱“幸福家庭”推荐表。

（3）晒家风·传家训征集表。

（4）活动签到表。

第二节　便民服务类活动策划与组织

一、便民服务类社区活动开设的理论基础和需求分析

随着城乡二元结构逐步解体，我国社区服务体系建设进入了城乡统筹的新阶段。2021 年，国务院印发的《“十四五”城乡社区服务体系建设规划》指出：全面推进城市一刻钟便民生活圈建设，加快推进农村生活服务便利化。引导市场、社会力量发展社区托育、养老等服务业态。推动物流配送、快递、再生资源回收网点设施辐射符合条件的村（社区），鼓励发展社区物业、维修、家政、餐饮、零售、美容美发等生活性服务业，支持相关企业在村（社区）设置服务网点，满足居民多样化需求。鼓励有条件的地方引进专业化物业服务，建立健全业主和物业服务企业双向选择机制。完善城市居民委员会组织体系，指导和监督业主委员会、物业服务企业依法履行职责。依托村级综合服务设施、供销合作社等强化农村地区农产品收购、农资供应等服务供给。

可见，社区便民服务是社区服务中的一项重要内容，也是满足人民美好生活需要的必然要求。目前，对于便民服务的含义可以说众说不一。结合大家观点，我们认为社区便民服务是指社区为满足社区居民衣食住行等方面的需要，面向全体居民开展的一系列服务，从而帮助社区居民方便快捷地处理日常生活中遇到的

各种问题或困难。开展社区便民服务活动可以有效弥补政府在提供公共服务方面的资源不足，提高居民的社区融入与参与意识，营造和谐的社区环境，增强居民的获得感、幸福感和安全感。

二、便民服务类社区活动介绍

社区以居民为主体，凡是与居民吃、穿、住、用、行、娱乐、健康等方面有关的服务，都属于社区便民服务的范畴。2021 年《政府工作报告》提出，发展社区养老、托幼、用餐、保洁等多样化服务，加强配套设施和无障碍设施建设，实施更优惠政策，让社区生活更加便利。根据《“十四五”城乡社区服务体系建设规划》(国办发〔2021〕56 号)等有关文件精神，我们可以从以下几个方面来开展便民服务类社区活动：

(一)托育服务活动

按照目前学界普遍接受的定义，所谓托育服务是指家庭正常的婴幼儿照顾功能不足或者婴幼儿的家庭照顾功能遭到破坏，婴幼儿必须在一天当中的某个时间段离开父母，通过其他人或者机构进行替代性照料或照看的机制或制度。2016 年，中共中央、国务院印发了《关于实施全面两孩政策改革完善计划生育服务管理的决定》。该决定就我国 3 岁以下婴幼儿托育服务发展作出了明确的战略规划，即合理配置 3 岁以下婴幼儿照料、学前教育等资源，引导和鼓励社会力量举办普惠性托儿所和幼儿园等服务机构，增强社区 3 岁以下婴幼儿照料等服务功能。就社区而言，当下首先要解决托育服务的相关阵地，培育或引进托育服务机构，以满足社区居民托育服务的需求。

(二)家政服务活动

家政服务是指家政服务员为市民家庭生活提供事务性、管理性的社会服务。随着人们生活节奏的加快，现代都市的“上班族”没有更多的时间和精力去料理家务，人们对家务劳动社会化的需求迅速增加。从内容而言，家政服务主要包括保姆、月子护理、搬家、保洁、病人护理、家教外教、水电维修、管道疏通、幼教保育等。就社区而言，可以整合社区资源，开展“服务置换”、家政服务员培训等活动，提升其职业素养和职业技能，更好地服务社区居民。

（三）居家养老服务活动

居家养老是指老年人按照我国民族生活习惯，选择居住在家庭中安度晚年生活的养老方式。它以社区为平台，整合社区内各种服务资源，为老人提供助餐、助洁、助浴、助医等服务，最终达到老有所养、老有所依、老有所学、老有所教、老有所为、老有所乐的目标。就社区而言，可以开展“以老助老”互助小组，组织社区老人开展互助活动，建立空巢、孤寡老人的社会照料系统，对行动不便的老人提供上门服务，组织志愿者为老人看护和日常服务等。

（四）社区养老服务活动

社区养老服务，是以社区为依托，采取全托、日托、上门等方式，为社区或居家生活的老年人提供生活照料、康复护理、助餐助行、紧急救援、精神慰藉等服务和产品的总称。发展社区养老服务，顺应了大多数老年人居家和社区养老的意愿，是养老服务体系建设中十分重要的基础性工作。就社区而言，可以依托现有社区养老服务中心等阵地，围绕老年人身心健康、智慧生活、社会融入等方面策划和组织活动。

（五）生活性服务活动

生活性服务业是服务经济的重要组成部分，是国民经济的基础性支柱产业，它直接向居民提供物质和精神生活消费产品及服务，其产品、服务用于解决购买者生活中（非生产中）的各种需求。生活性服务业主要包括餐饮业、住宿业、洗染业、美发美容业、沐浴业、人像摄影业、维修服务业和再生资源回收业等服务业态。大力发展生活性服务业，有利于转变经济发展方式，扩大消费需求，增加就业，优化经济结构，富民惠民，改善民生，增进社会和谐。就社区而言，可以整合辖区资源开展诸如“爱心赶场”活动，为有需要的居民提供手机贴膜、理发、美容化妆、电器维修、拍照等活动，以满足社区居民多元化的需求。

三、便民服务类社区活动策划与组织示例

上文介绍了几种便民服务类社区活动，接下来，我们以“爱心赶场”志愿服务活动为例，通过以下这份社区活动策划与组织文案，向大家进一步呈现便民服务类社区活动策划与组织的步骤和要点。

“爱心赶场”志愿服务活动策划书[1]

一、活动背景

2017年6月，重庆市妇联为贯彻群团改革精神，以群众需求为导向，依托社会组织、基层妇联和巾帼志愿者队伍，开展了“姐妹相助、邻里守望”为主题的巾帼志愿服务项目。经专家评审，万州、沙坪坝等6个区县获得了市妇联的立项支持，万州明爱社会工作服务中心承接万州区“巾帼爱心赶场天”志愿服务项目。为开展好该项目，机构社工对复兴路社区居民的日常生活需求进行了走访调研，发现居民对义诊、理发、家政服务等方面有比较大的需求。为此，社工通过链接爱心企业、爱心个人每月在固定的日期为社区居民提供日常生活性便民利民服务，促进居民之间的沟通与交流，增强社区居民的获得感和幸福感。

二、活动理论

社会支持是指人们感受到的来自他人的关心和支持。依据社会支持理论的观点，一个人所拥有的社会支持网络越强大，就能够越好地应对各种来自环境的挑战。个人所拥有的资源又可以分为个人资源和社会资源。个人资源包括个人的自我功能和应对能力，后者是指个人社会网络中的广度和网络中的人所能提供的社会支持功能的程度。以社会支持理论取向的社会工作，强调通过干预个人的社会网络来改变其在个人生活中的作用。特别对那些社会网络资源不足或者利用社会网络的能力不足的个体，社区工作者致力于给他们以必要的帮助，帮助他们扩大社会网络资源，提高其利用社会网络的能力。因此，通过开展“爱心赶场”活动，社工可以链接爱心企业、个体等社会资源来帮助有需要的社区居民，进而增强他们的社会资源，为其构建有效的社会支持网络。

三、活动目标

1. 促进社区居民的互动与交流。

2. 弘扬邻里互帮互助的优良传统。

3. 建立巾帼志愿服务队伍。

四、活动时间与地点

1. 活动时间：2017年7月30日9：00—11：30。

2. 活动地点：复兴路社区广场。

五、活动对象与人数

1. 活动对象：复兴路社区居民。

---

① 该活动策划书由重庆市万州明爱社会工作服务中心提供。

2. 活动人数：100人左右。

六、活动内容

1. 健康检查。

2. 爱心义剪。

3. 美容化妆。

4. 手机贴膜。

5. 幸福拍照。

七、活动宣传

1. 通过社区居委会的渠道进行宣传。

2. 在社区每个楼栋宣传栏张贴活动海报。

3. 在社区居委会门口摆放活动宣传展架。

八、活动准备

时间	准备事项	负责人	备注
7月22日	撰写社区活动方案	吴××	
7月24日	联系和落实义诊医生	谢××	
7月25日	联系和落实理发师、美容化妆师	卢××	
7月26日	联系和落实手机贴膜人员	吴××	
7月27日	购买活动所需物资	冉××	
7月28日	落实活动场地	谢××	
7月29日	制作活动横幅、安排活动分工	吴××	
7月30日	布置活动场地	吴××	

九、经费预算

序号	开支项目	预算	金额（元）
1	印刷费	6元/份×20份	120
2	饮用水	15元/件×4件	60
3	照片纸	25元/包×4包	100
4	藿香正气液	20元/盒×6盒	120
5	志愿者补贴	10元/人×30元	300
6	交通费	10元/人×20元	200
合计（元）	900		

十、预计困难及应对措施

1. 天气炎热——预备两台电风扇，购买一些解暑药物。

2. 排队秩序——每个项目安排一个社工负责现场秩序。

3. 邀请的专业人士临时有事——每个项目至少邀请两名专业人士参加。

十一、评估方法

1. 过程评估：运用观察法，对活动现场进行评估，如活动气氛、对象参与互动、节目的衔接、突发事件的处理等。

2. 效果评估：运用访谈、问卷的方式了解活动参与对象对活动的评价。

十二、附件（略）

1. 宣传海报。

2. 签到表。

3. 活动满意度评估表。

第三节　安民服务类活动策划与组织

一、安民服务类社区活动开设的理论基础和需求分析

2021年，国务院印发的《“十四五”城乡社区服务体系建设规划》指出：安民服务功能主要是深化城乡社区警务战略，加强村（居）民委员会下属治安保卫委员会建设，健全完善群防群治、联防联治机制，提升村（社区）平安建设能力水平。加强村（社区）人员密集场所安全管理，开展安全教育培训和交通安全宣传劝导，做好用气、用电、用火以及地震、洪灾等防灾监测、预警发布和应急避险安全防护工作，对噪声扰民行为及时劝阻、调解。完善村（社区）应急组织体系和工作预案，强化应急和风险防范物资储备保障，健全应急广播体系，拓展突发事件预警信息发布渠道。加强村（社区）应急避难场所建设，健全完善微型消防站（点），引导社会应急力量有序参与应急处置。巩固充实村（居）民委员会下属人民调解委员会，完善矛盾纠纷多元化解机制，推动村（社区）普法宣传、人民调解、法律援助、公证等法律服务全覆盖。加强村（社区）反邪教工作能力建设。强化社区矫正、社区戒毒社区康复、刑满释放人员帮扶和精神障碍社区康复服务，为遭受家庭暴力的居民提供应急庇护救助服务。建立健全发现报告和家庭监护监

督制度，加强村（社区）未成年人保护工作。支持各类专业组织、机构在村（社区）开展社会心理服务，完善疏导机制，强化精神慰藉、心理疏导、关系调适、社会融入等服务。推进建设各民族相互嵌入式的社会结构和社区环境，铸牢中华民族共同体意识。

马斯洛把人的需求分成生理需求、安全需求、爱和归属需求、尊重需求和自我实现需求。马斯洛认为，整个有机体是一个追求安全的机制，人的感受器官、效应器官、智能和其他能量主要是寻求安全的工具，甚至可以把科学和人生观都看成是满足安全需要的一部分。可见，开展安民服务类社区活动，既是满足居民的基本需求，也是增强居民安全感的重要手段。

二、安民服务类社区活动介绍

安民就是安定人民生活，安抚人民。社区是社会的基本单元，社区治理是国家治理的基本单元和关键环节，事关党和国家大政方针贯彻落实，事关人民群众切身利益。夯实基层治理根基，提高社区治理效能，既是社会治理创新的重要目标，也是不断增强人民群众获得感、幸福感、安全感的必然要求。根据《"十四五"城乡社区服务体系建设规划》（国办发〔2021〕56号）等有关文件精神，我们可以从以下几个方面来开展安民服务类社区活动。

（一）平安建设活动

平安建设是指通过采取法律、经济、行政等手段，使一定区域范围内的社会治安状况得到有效改善，人民群众安居乐业的工作过程，是近年来各级党委政府组织全民参与维护社会稳定的一项群众性创建活动。其目的是维护社会治安稳定，保障人民群众生命财产安全，巩固国家政权，促进经济社会持续健康发展。2005年，中共中央办公厅、国务院办公厅印发了《中央政法委员会、中央社会治安综合治理委员会关于深入开展平安建设的意见》。这是新形势下开展平安建设、加强社会治安综合治理的一份纲领性文件。正如文件指出，平安建设是构建社会主义和谐社会、促进经济社会协调发展的保障工程，是维护广大人民群众根本利益、为人民群众所期盼的民心工程，是提高党的执政能力、巩固党的执政地位的基础工程。就社区而言，可以开展"平安社区""平安家庭""平安单位"等创建与评选活动。

（二）普法宣传活动

普法宣传是普及法律常识宣传的简称，是我国在全体公民中进行大规模普及法律常识的宣传教育活动，旨在使全体公民增强法制观念，知法守法，养成依法办事的习惯。普法宣传是我国人民政治生活中的一件大事，也是社会主义精神文明建设的重要组成部分。2001 年 4 月 26 日，中共中央、国务院印发的《中央宣传部、司法部关于在公民中开展法制宣传教育的第四个五年规划》确定：将每年的 12 月 4 日作为全国法制宣传日，通过开展系列的宣传活动，教育引导各级组织和全体公民牢固树立宪法意识、增强宪法观念，自觉履行维护宪法尊严、保障宪法实施的职责。就社区而言，既可以结合全国法制宣传日、也可以借助新时代文明实践活动，为社区居民开展普法宣传主题社区活动，如开展《家庭教育促进法》《反家庭暴力法》《未成年人保护法》等普法宣传活动。

（三）法律援助活动

法律援助是指由政府设立的法律援助机构组织法律援助的律师，为经济困难或特殊案件的人给予无偿提供法律服务的一项法律保障制度。根据 2003 年 7 月国务院颁布的《法律援助条例》第十条规定，公民对下列需要代理的事项，因经济困难没有委托代理人的，可以向法律援助机构申请法律援助，依法请求国家赔偿的；请求给予社会保险待遇或者最低生活保障待遇的；请求发给抚恤金、救济金的；请求给付赡养费、抚养费、扶养费的；请求支付劳动报酬的；主张因见义勇为行为产生的民事权益的。根据《中华人民共和国刑事诉讼法》第三十四条的规定，刑事案件的被告人是盲、聋、哑或者未成年人没有委托辩护人的，或者被告人可能被判处死刑而没有委托辩护人的，应当获得法律援助。对此，我们可以协助符合法条件的社区居民申请法律援助，通过法律途径来解决社会矛盾，促进司法公正和正义，维护社会的平衡与稳定。

（四）社区矫正活动

社区矫正是指将符合条件的罪犯放置于社区内，由专门国家机关在相关社会团体和民间组织以及社会志愿者的协助下，在判决、裁定或决定确定的期限内，矫正其犯罪心理和行为恶习，并促进其顺利回归社会的非监禁刑罚执行活动。根据《中华人民共和国社区矫正法》规定：社区矫正决定机关判处管制、宣告缓刑、裁定假释、决定或者批准暂予监外执行时应当确定社区矫正执行地。社区矫正机构应当根据裁判内容和社区矫正对象的性别、年龄、心理特点、健康状况、犯罪原因、犯罪类型、犯罪情节、悔罪表现等情况，制定有针对性的矫正方案，实现分类管理、个别化矫正；应当了解掌握社区矫正对象的活动情况和行为表现。社区矫正机构可以通过通信联络、信息化核查、实地查访等方式核实有关情况，有关单位和个人应当予以配合。据此，社会工作服务机构可以承接社区矫正服务项目，专职社工可以社区矫正对象提供专业化服务。

（五）社会心理服务活动

党的十九大提出“加强社会心理服务体系建设，培育自尊自信、理性平和、积极向上的社会心态”的要求。2021 年 3 月，九部委联合印发《全国社会心理服务体系建设试点 2021 年重点工作任务》的通知，建议加快推进社会心理服务进社区，助力构建理性平和、健康稳定的社会心态。因此，社区应加强对心理健康工作的重视，组建社区心理志愿者服务队，增建社区心理咨询工作室，开展丰富多彩的心理健康知识普及教育和团体辅导活动，定期组织辖区内居民开展心理知识健康普及活动、儿童青少年心理关怀、婚姻家庭调解、环境卫生安全守护、核心价值观践行、政策理论法制宣讲、社会事件危机干预、文化健康科普等内容。

三、安民服务类社区活动策划与组织示例

上文介绍了几种便民服务类社区活动，接下来我们以“安全伴你行”知识讲座活动为例，向大家进一步呈现安民服务类社区活动策划与组织的步骤和要点。

“安全伴你行”知识讲座活动[①]

一、活动背景

“安全”是一个永恒的主题。社区的儿童也难免会面对各种安全问题，比如上当受骗、溺水、交通意外、食品中毒等。在以往发生的事故情况来看如果平时有

① 该活动策划书由重庆市万州明爱社会工作服务中心提供。

较强的安全防范意识，很多事是可以避免的。为加强社区儿童的安全保护意识，了解安全常识，并从经验和教训中学会如何面对和解决问题，周家坝社区社工室为社区儿童准备了一场“安全伴你行”安全知识讲座。

二、活动理论

马斯洛需求层次理论亦称“基本需求层次理论”，它将人的需求分为五种，像阶梯一样从低到高，按层次逐级递升分别为：生理上的需求、安全上的需求、归属和爱的需求、尊重的需求、自我实现的需求。另外两种需要：求知需要和审美需要。这两种需要未被列入到他的需求层次排列中，他认为这二者应居于尊重需求与自我实现需求之间。因此，目前社区儿童安全意识普遍薄弱，这就要求保障儿童自身安全的需要，将整个有机体结合创造一个安全机制，提高社区儿童的安全意识和应对能力，为社区儿童创造一个健康、快乐的环境。

三、活动目的

1. 增强社区儿童的安全知识和意识。

2. 提高社区儿童安全防护能力。

四、活动时间与地点

1. 活动时间：2018 年 12 月 7 日（9：30—11：00）

2. 活动地点：周家坝社区三楼会议室

五、活动对象与人数

1. 活动对象：周家坝社区 6~12 岁儿童及其监护人

2. 活动人数：30~40 人

六、活动组织

主办单位：万州明爱社会工作服务中心、周家坝街道周家坝社区

七、活动内容

1. 互动游戏“子曰”。

2. 安全知识讲座。

3. 答疑环节。

4. 分享环节。

5. 分发小奖品、合影。

八、活动宣传

1. 张贴活动宣传海报。

2. 社区工作人员宣传。

3. 在“四点半课堂”宣传。

九、活动准备

时间	准备事项	负责人	备注
2018年12月1日	撰写社工宣传活动计划书	胡××	
2018年12月2日	制作宣传海报、活动ppt	胡××	
2018年12月6日	购买活动物资	胡××	
2018年12月3日—12月6日	宣传招募活动人员	胡××	
2018年12月4日—12月6日	招募活动志愿者、与社区对接	胡××	
2018年12月6日	活动场地、设备落实	胡××	
2018年12月7日	活动的开展	胡××	

十、活动流程

序号	时间点	活动项目	具体内容	负责人
1	3：30—4：00	活动前准备	布置活动现场，签到台、挂横幅、人员分工等	志愿者2人
2	4：00—4：05	开场白、暖场游戏	1. 介绍此次活动目的。 2.《子曰》：社工说："子曰+一些动作"，参与人员就跟着一起做；反之社工直接说："一些动作"，参与人员就不跟着一起做。选出5名获胜者，并奖励一颗糖	胡××（志愿者2人）
3	4：05—4：40	安全知识讲座	交通安全、消防安全、防骗防拐等	所有工作人员
4	4：40—4：45	答疑环节	为提高同学们的积极性，设置小奖品，提问有奖	志愿者2人
5	4：45—4：50	分享环节	活动的分享	所有工作人员
6	4：50—4：55	分发小奖品	每人分发一支自动铅笔	所有工作人员
7	4：55—5：00	合影	集体大合照	所有工作人员

十一、经费预算

序号	开支项目	预算	金额（元）
1	物资费	横幅：7条×7元/条	49
		抽纸：1包×5元/包	25
		茶点、小奖品	200
		纪念品：套尺40份×7元/份	280
		签字笔：5支×5元/支	25
2	交通费		100
3	志愿者补贴	志愿者：2个×30元/个	60
合计（元）	719		

十二、预计困难及对策

预计困难	对策
1. 答疑环节，没有人提问	准备小礼品，提问有奖
2. 讲座时，学生注意力不集中，对讲课内容不感兴趣	尽量把讲座内容准备丰富，可以适当的播放视频或讲解案例吸引学生
3. 投影仪，电脑设备出现问题	提前调试好设备，确保活动顺利开展

十三、评估方法

1. 过程评估：通过运用观察法，对活动现场进行评估，如活动气氛、节目的衔接、突发事件的处理等。

2. 效果评估：通过运用访谈的方式了解活动参与对象对活动的评价。

十四、活动附件（略）

（1）活动海报。

（2）活动签到表。

【课后任务】

1. 到社区实地走访调查，评估某社区居民的社区服务活动需求。

2. 结合某社区居民的需求，设计一份社区服务类社区活动方案。

参考文献

[1] 谭洛明，庄丽华. 社区活动策划[M]. 南京：南京大学出版社，2013.

[2] 何静，周良才. 社会福利机构活动策划与组织[M]. 北京：电子工业出版社，2015.

[3] 杨梅，牟红. 休闲活动策划与服务[M]. 北京：北京大学出版社，2013.

[4] 全国社会工作者职业水平考试教材编写组. 社会工作实务（中级）[M]. 9 版. 北京：中国社会出版社，2019.